INTELIGENCIA ARTIFICIAL Y HUMANISMO

LAS VOCES DE LA UNIVERSIDAD Y LA EMPRESA

COORDINADORES:

JUAN BENAVIDES DELGADO - JOSÉ ANTONIO VEGA VIDAL

KOLIMA
BOOKS

Título original: *Inteligencia Artificial y humanismo.*
Las voces de la Universidad y la Empresa

Primera edición: Octubre 2024
© 2024 Editorial Kolima, Madrid
www.editorialkolima.com

Autores: Varios
Coordinadores: Juan Benavides Delgado, José Antonio Vega Vidal
Dirección editorial: Marta Prieto Asirón
Maquetación de cubierta: David Visea
Maquetación: Carolina Hernández Alarcón

ISBN: 978-84-10209-35-0
Depósito legal: M-23426-2024
Impreso en España

ÍNDICE

PRÓLOGO
LA INTELIGENCIA ARTIFICIAL:
ENTRE EL HUEVO Y LA GALLINA

REYES CALDERÓN
Universidad Pontificia Comillas

«Los algoritmos estructuran silenciosamente nuestras vidas». Esta afirmación de Martin (2018, p. 835) combina dos percepciones acerca de la Inteligencia Artificial (IA). La primera es que su penetración en la estructuración de la vida sociedad y personal es imparable. Un ramillete de factores que incluyen coste, precisión, velocidad de procesamiento, desempeño o calidad hacen que esté presente en áreas vitales para las personas y la sociedad como medicina, energía, reconocimiento facial o educación. La segunda percepción, quizás una sensación, es el recelo y la preocupación de permitir que una tecnología que no terminamos de entender se cuele en lo más profundo de nuestras vidas sin remedio, tomando decisiones por nosotros sin saber cómo evitarlo.

La suspicacia, cada vez mayor y creciente incluso entre muchos científicos y técnicos, deriva de dos fuentes, una objetiva, relacionada con los riesgos y efectos secundarios importantes asociados a la IA, y otra subjetiva, que conecta con nuestra incapacidad de ver y comprender su funcionamiento: ser ignorantes o estar ciegos ante la IA nos vuelve aún más suspicaces.

Los riesgos asociados a una tecnología suelen correlacionar bien con la magnitud de sus beneficios. En vista del poder y la precisión de la IA, sus riesgos y efectos secundarios son severos y presentan un amplio espectro que va desde posibles violaciones de derechos humanos o privacidad, a «brechas» de responsabilidad, escalada/perpetuación de prejuicios y sesgos, desigualdad social y discriminación, opacidad, etc.

De entre ellos, es la opacidad de los algoritmos complejos lo que más inquieta.

La opacidad es pecado grave en nuestro mundo híper–transparente. Pero, ¿qué significa ser transparente? Algunos, confundiendo la sociedad que tenemos con el ideal que desearíamos tener, requieren conocimiento exhaustivo y minucioso; incluidos el modelo completo, los componentes individuales y el algoritmo de entrenamiento. Otros consideran que esa definición es extrema y terminaría anulando cualquier patente o propiedad intelectual.

En mi opinión, pensar que la total transparencia es exigible resulta simplista. Todos los modelos humanos están sujetos a error e incertidumbre y todos tienen un cierto nivel de cierre. Además, a lo largo de la historia, las personas y la sociedad hemos aceptado un «riesgo calculado» al implementar nuevas tecnologías. Es decir, al aceptar la innovación, y bajo la creencia de que las personas, no la tecnología, son responsables de los resultados tecnológicos, la sociedad ha tratado de protegerse estableciendo mecanismos de control, supervisión y regulación para operar dicha innovación de manera segura. En este sentido, éticamente, una buena sociedad no sería la de una transparencia equivalente a un estriptis, cuando la que garantizara la alineación entre los avances y los *desiderata* de la sociedad.

Uno de los problemas qué diferencia a la IA de todo lo anterior, incluso de los sistemas expertos, para poner en práctica la transparencia son los problemas de caja negra que exhiben algunos sistemas algorítmicos. En términos generales, con caja blanca, gris y negra se describe el nivel de cierre (muy pequeño, mediano y extremo, respectivamente) de un sistema, siendo el efecto caja negra el que dificulta "ver el interior" del proceso de inferencia del modelo para tomar una decisión particular. Por ejemplo, por qué el algoritmo me denegó a mí un crédito pero se lo concedió a mi vecina, aunque ambas somos «muy parecidas».

Se trata de un problema serio, como muchos de los que se analizan en este volumen. En este prólogo solo pretendo llamar la atención sobre la precisión de nuestras palabras y nuestros juicios. Es bueno preocuparse, pero para ocuparse hay que ser preciso, al menos al definir. Lo expongo en relación a la transparencia, que no es una propiedad unívoca.

Al menos, permítaseme distinguir entre una opacidad *per se* y una opacidad meramente accidental. La primera ocurre en un sistema de IA porque es IA, y no por otras razones externas. De la misma manera que 180° corresponde a la suma de ángulos de un triángulo porque es triángulo, no porque sea isósceles, hay una opacidad que corresponde a la IA porque es IA y no debido a otras características. Este tipo de opacidad no puede combatirse directa y eficazmente con medios humanos, regulatorios y tecnológicos. Aplicando a las redes neuronales artificiales, Kaplan & Haenlein (2020, p. 44) dicen: «Son inherentemente una caja negra. Esto abre, en principio, la posibilidad para que sean más astutas que nosotros».

Existe, sin embargo, otra opacidad meramente accidental que corresponde a una conexión entre sujeto (sistema) y predicado (opaco) que no es esencial, ni tampoco universal ni necesaria. Aunque desde fuera el efecto puede ser similar, en la medida en que deriva de causas externas al sistema, puede solucionarse desde fuera del sistema. Por ejemplo, la negación de las grandes tecnológicas actuales para permitir visualizar el funcionamiento interno de los *chatbots*, y, por tanto, revelar las incertidumbres de las predicciones y errores del sistema.

En un interesante artículo, Burrell (2016) distingue tres formas de opacidad: el secreto corporativo, el analfabetismo técnico y la complejidad. La primera, de la que acabamos de hablar, se relaciona con la protección de la propiedad intelectual de los inversores o las empresas. Aquí, como sociedad podemos tomar postura y decir, por ejemplo, que, en el contexto de la toma de decisiones sobre recursos humanos, no queremos cajas negras. El analfabetismo técnico se relaciona con la ausencia de habilidades para el procesamiento computacional. Esta opacidad podría atenuarse fácilmente con programas de educación y «alfabetización algorítmica», pero también permitiendo que expertos independientes asesoren a los afectados por la toma de decisiones algorítmicas.

Pero existe una opacidad que surge de la complejidad de algunos algoritmos de aprendizaje automático. Es inherente a la tecnología y es uno de los nudos gordianos del problema: las interacciones locales entre los componentes del sistema crean regularidades en su comportamiento que parecen imposibles de derivar de manera analítica rigurosa a partir del conocimiento de dichas interacciones locales. En este contexto, y teniendo en cuenta la velocidad y el volumen de datos, un agente no puede comprobar cada paso en un tiempo finito y con un coste aceptable.

Esta opacidad es muy diferente, y necesitamos entenderla bien. En la IA, la teoría de la complejidad se transforma en realista y nos sorprende (*novelty*) a cada paso y nos vemos obligados a verificar que el sistema hace lo que le pedimos y no otra cosa.

Como puede apreciarse, una opacidad provocada por el «secreto corporativo» puede solucionarse parcialmente divulgando públicamente la información o haciéndola visible para un revisor independiente. Hacer que el proceso y la codificación sean accesibles a terceros expertos en los que ambos confían, las organizaciones y el público, pueden resolver ciertos problemas de analfabetismo (Pasquale, 2010). Aceptar solo Inteligencia Artificial explicable es otro modo.

Pero, desafortunadamente, introducir la previsibilidad, que reduciría la complejidad, no es tan simple. Cuando la literatura, las organizaciones y las empresas sostienen que la «caja negra» debe ser abierta se refieren tanto a la opacidad accidental como a la inherente. Pero se parecen muy poco. Buscar soluciones técnicas para mejorar la transparencia en toda la lógica del sistema de IA, el resultado, la inspección e incluso las razones de mejora y el redescubrimiento de soluciones a preguntas no formuladas, es loable y deseable.

Pero la premisa sigue siendo válida: la opacidad *per se* hoy puede solo admitirse o rechazarse. Y esa es una decisión ética que debemos tomar, y que no puede hacerse más que desde la confianza. Déjenme mostrarlo con un ejemplo. Cuando necesito tomar un medicamento para una determinada enfermedad, puedo «conocer» los efectos secundarios «más frecuentes» tal como los revela la compañía farmacéutica, pero ¿puedo estar seguro de que no me van a afectar esos efectos? No, no puedo estar seguro de cuáles pueden afectarme ni cómo, ni si aparecerá un efecto secundario desconocido. En esa situación, la única opción es confiar en el médico que ha recetado ese medicamento.

Algo similar ocurre en la IA. Habiendo solucionado la opacidad accidental con visibilidad y comprensibilidad en la mayor medida posible, debo hacer un acto de fe en la sociedad propietaria del proceso, dejando en sus manos la evaluación de la previsibilidad.

Y eso nos transporta a un marco más amplio y aún más complejo, el de la buena gobernanza de la IA. ¿Quién y cómo la diseñan? ¿Cuánto «analfabetismo» técnico y ético padecen los que lo hacen? ¿Qué significa transparencia para cada uno de ellos? Porque ceder ante las grandes tecnológicas y hacer cumplir a las PYMES no parece un gran sistema.

Decía Von Bismarck que «con las leyes pasa como con las salchichas, es mejor no ver cómo se hacen». Desafortunadamente, en la IA no podemos permitírnoslo. Quizás tenga razón De Gaulle, y esto sea demasiado serio para dejarlo «solo» en manos de políticos, y debamos involucrarnos como sociedad. Este volumen es un buen ejemplo.

INTRODUCCIÓN
MEMENTO MORI

JOSÉ ANTONIO VEGA VIDAL

Profesor de Economía, Universidad Pontificia Comillas

Cuando un general romano volvía victorioso de sus campañas militares, entrando con su carro por las calles principales de Roma, escuchando el amor y los aplausos del público, un esclavo se encargaba de susurrarle al oído esta frase una y otra vez, recordándole las limitaciones de la naturaleza humana para evitar que se ensoberbeciera y creyera, en medio del aplauso, que era un Dios. Así, el ser humano, creador de la Inteligencia Artificial, espera, sin embargo, que su creación muy posiblemente le sobrevivirá. Esta creación genera muchas dudas, como toda tecnología en fase incipiente y en desarrollo. A lo largo de este año, dentro del seminario hemos abordado el tratamiento de su importancia desde diferentes ópticas: legal, empresarial, tecnológica y de servicio al ser humano. Se han suscitado muchas preguntas, y aunque algunas interrogantes han sido resueltas, otras muchas no dejan de ser un trabajo en curso, siendo muy amplio el abanico de interrogantes que la Inteligencia Artificial (IA) nos plantea en el tejido mismo de nuestra sociedad contemporánea. Desde sus aplicaciones prácticas hasta las profundas implicaciones filosóficas y éticas que conlleva su desarrollo, la IA se erige como un fenómeno multifacético que redefine nuestra comprensión del mundo y de nosotros mismos.

Han sido tres los grandes bloques que se han identificado y donde se han abordado la dimensión tecnológica, las implicaciones filosóficas y la necesidad de un enfoque crítico:

- En el primer bloque abordamos la dimensión tecnológica de la IA, destacando su omnipresencia en la vida cotidiana y su capacidad para transformar múltiples aspectos de la sociedad. Desde la eficiencia empresarial hasta el entretenimiento personalizado, la IA ha demostrado su utilidad y versatilidad en diversos campos. Sin embargo, junto con sus beneficios surgen preocupaciones sobre la pérdida de empleo, la privacidad de los datos y los sesgos algorítmicos, que plantean desafíos éticos y sociales.

- En el segundo bloque exploramos las implicaciones filosóficas que subyacen a la IA, interrogándonos sobre su impacto en nuestra comprensión de la humanidad y el mundo que habitamos. Desde la redefinición de la identidad humana hasta la reflexión sobre la libertad y la creatividad, la IA nos enfrenta a cuestiones fundamentales sobre nuestra existencia y nuestro futuro en un mundo cada vez más dominado por la tecnología.

- Por último, en el tercer bloque analizamos la necesidad de un enfoque ético y crítico hacia la IA, reconociendo la importancia de considerar tanto sus posibilidades como sus limitaciones en la búsqueda de un desarrollo equilibrado y humano. Desde la integración de la IA en diferentes disciplinas hasta la humanización de la vida digital y la influencia en la comunicación interpersonal, examinamos cómo la IA está moldeando nuestra sociedad y cómo podemos asegurar que su impacto sea positivo y ético.

Pero una obra colectiva como es esta se nutre de fuentes mucho más próximas a la sociedad y no necesariamente deudoras de este esquema de conclusiones. De hecho, el seminario ha abordado el trabajo a través de las conferencias internas sobre las diferentes cuestiones y donde los especialistas en cada materia han sido agentes destacados, por un lado, y por otro, la generosa contribución en forma de artículos que con suiza regularidad se han ido publicando en Diario Responsable.

Empezando por los segundos, que forman íntegramente esta obra, recomendamos al lector una lectura de libre albedrío, es decir, según la apetencia por el tema propuesto, pero sin dejar de ofrecer una cierta agrupación que ayude a entender las materias cubiertas en el texto.

Los tres bloques metodológicos se pueden agrupar alrededor de los siguientes polos:

- Retos y contexto cultural de la IA.

- La IA frente a la sostenibilidad, la empresa y los individuos.

- Lo que aporta la IA.

El contexto y los retos que marcan la importancia de la IA nos los desgranan una serie de artículos donde Juan Benavides nos hace reflexionar sobre si nos encontramos o no ante un nuevo humanismo. Es precisamente ese humanismo el que Javier Barraca nos hace contemplar en la formación fecunda de los profesionales a lo largo de dos artículos, cuya lectura se recomienda de continuo (así lo hemos hecho cuando la lectura se beneficia de ello sustrayéndonos del orden de publicación). Y es que la IA está afectándonos, y así lo pone de manifiesto Juanjo Almagro al hablar de Inteligencia Artificial y humanismo. Y no solo eso, sino que además la IA está impactando, como apuntilla Juan Benavides, en la mentalidad de las personas, en lo que somos como sociedad y en la propia comprensión humana. Y es que la IA no puede formular, aunque sí responder, preguntas. O al menos es así por ahora. Y ahí Jose Luis Fernández nos hace una serie de consideraciones antropológicas que vienen a enmarcar finalmente la cuestión para retornar a lo humano y su significado. Y aquí Javier Barraca y Hernán Cortés apostillan la influencia de la IA en el sujeto humano en primera persona y plantean su capacidad de sentir, muy en línea con las cuestiones antropológicas que propone Jose Luis.

Ya cuando parece que nos encontramos ante cierto grado de conclusiones y consenso, nuevamente Juan Benavides nos ofrece como una suerte de «so what?», «cui bono» o «quid prodest» al reflexionar sobre qué objetivo pretende la IA. ¿Es el ser humano figura accesoria en el futuro? ¿Realmente carece de significado lo humano? Tendrá el lector que acudir al artículo y sacar sus propias conclusiones. Y como lector informado, y si ha seguido la guía de lectura propuesta, tendrá cierto grado de empatía con los miembros del seminario permanente al tratar de concluir qué podemos esperar de la IA y su vertiginoso desarrollo.

Esto da pie a plantear cómo abordan los *stakeholders* esta situación. Y para eso se triangulan sostenibilidad, empresa e individuos en varios ejercicios de entrenados malabares y formadas opiniones. Toca comenzar este segundo bloque con una serie de artículos de Joaquín Fernández Mateo, que por sí solos aportan una gran riqueza a la discusión. Desde cómo la Agenda 2030 y los derechos humanos en la era de la IA pueden amenazar nuestro futuro y cómo elegir entre sostenibilidad y *statu quo* nos supone un reto, a cómo la previsible regulación presenta más retos que certezas, algo que Joaquín aborda en tres artículos. Luego remata la cuestión con el desafío bioético de la mejora cognitiva, y ahí introduce esa relación entre el humano y la máquina desde una visión responsable del posthumanimo. Son artículos que aun separados en el libro merece la pena sean leídos de manera conjunta (si así lo desea el lector). Dentro de este mismo bloque temático se encuadrarían una serie de artículos que, escritos por Almudena Díez, Eduardo Garrido, Anna Bajo y yo mismo, vienen a buscar el encaje en la sociedad y la empresa de forma más directa. Así, Almudena presenta las dudas y certezas de la IA, Eduardo apuesta por la IA ética y Anna da un enfoque sobre cómo educar en Inteligencia Artificial. En los dos artículos que dedico a este tema abordo la perpetuación de la desigualdad que puede derivarse del acceso universal o no a la Inteligencia Artificial y si esto tiene sentido en una búsqueda de la sostenibilidad. Por supuesto sin agotar la cuestión se incide mucho en la presentación de elementos para la reflexión, y aquí el lector de perfil más divulgativo encontrará un reposo de la discusión más profunda. Josep González cierra este grupo de artículos al reflexionar sobre la IA, la creatividad y el lugar del hombre.

Completa este segundo bloque una serie de artículos de empresa y valores que humanizan la tecnología, donde Pablo Álvarez de Linera enmarca esta cuestión específicamente sobre la empresa familiar. Para completar esa visión, Inés Gomis recoge la perspectiva de los Consejos de Administración y de la Alta Dirección.

El tercer bloque temático aborda lo que aporta la IA, y ahí contamos con cuatro artículos de José Manuel Vázquez, que vienen a reflexionar sobre el humanismo orgánico en el siglo XXI. Esto nos marcar ya un contexto más preciso y definitivo que se completa con el artículo de la sesión del seminario interno dedicada a la función y financiación de los proyectos de IA, donde «queda botando» para el remate de José Luis Fernández al hablar del reto y oportunidad para la humanización.

Concluye el texto con las reflexiones de Juan Benavides sobre la IA y el humanismo, donde el «está todo por hacer» esperamos que no despiste al lector que haya llegado a ese punto.

Pero el seminario interno no solo lo justifican estos artículos, muestra pública de resultados y pensamiento, sino que también lo forman una serie de sesiones internas y una sesión abierta, que cuentan con la participación de destacados profesionales que articulan su desarrollo. Así, en el desarrollo de las reflexiones en esta materia nos hemos hecho acreedores de Jesús Avezuela, director general de la Fundación Pablo VI que, junto con otra sesión de Jesús de la Morena, director de Sostenibilidad de Garrigues, abordaron las cuestiones más cercanas a la regulación. Eduardo Garrido nos acercó la «magia» de GPT y Justo Hidalgo, director de Inteligencia Artificial de Adigital, y Macarena Estévez, divulgadora experta en materia de IA, nos acercaron el concepto e importancia para la sociedad. Siempre es interesante contar con opiniones igualmente informadas como las de Juan Benavides y José Luis Fernández para terminar de fijar conceptos y poner luz sobre aquellos aspectos menos claros.

A todos ellos, al igual que a Pablo Sánchez González, colaborador de la Cátedra, y al propio personal de la Universidad Pontificia Comillas, les hemos de hacer llegar nuestro agradecimiento.

Poco más queda por decir, puesto que está escrito en las páginas siguientes, pero si me permite el lector una última recomendación, le diría que disfrute la lectura a sorbitos. Esta no es una obra para leerse del tirón. Está pensada para ser leída de vez en cuando, siguiendo el orden propuesto, o sin seguirlo, y en todo caso disfrutando tanto como los autores lo han hecho poniendo en negro sobre blanco tantas reflexiones.

¿NUEVO HUMANISMO O PROFUNDA CRISIS?

JUAN BENAVIDES DELGADO

Catedrático emérito de la Universidad Complutense de Madrid

N o son pocos los autores que hablan de los nuevos retos y cambios que nos anuncian la globalización y las innovaciones tecnológicas. Para este año, dentro de nuestra colaboración con Diario Responsable, tenemos este tema sobre el que debatir y que puede concretarse en muchas primeras preguntas generales que se relacionan con el humanismo, tanto sobre el hecho de la desaparición del antiguo y moderno humanismo como del choque que se está produciendo con el nuevo humanismo introducido por las tecnologías digitales y la IA. Estas preguntas pueden ser del tipo siguiente: ¿Cabe hablar de humanismo en el nuevo contexto digital y, en ese supuesto, hacia dónde se dirigen la sociedad y las nuevas concepciones de lo humano? Otra posible: ¿hasta qué punto las instituciones y organizaciones entienden lo que este supuesto nuevo humanismo puede significar más allá de la instrumentalización de la tecnología de cara a los ciudadanos y las organizaciones? Sin duda, antes de empezar a responder a estas y otras preguntas, en este primer artículo considero que conviene hacer algunas precisiones previas.

Desde la innovación constante de la propia tecnología, la vida diaria en España ha convertido la realidad cotidiana en una mezcla de dificultad, impotencia y desconocimiento en el uso diario de lo que significa cualquier innovación tecnológica y, especialmente, en el propio modo de hablar. Yo veo, en su inicio, que quizá lo más importante no se refiere a los aspectos propiamente instrumentales del uso de la tecnología, sino en el hecho indiscutible según el cual esa utilización de la tecnología está reduciendo enormemente la riqueza significativa y creativa del lenguaje natural.

Por ejemplo, cuando se habla de problemas, una de las cosas más importantes es saber lo que está detrás de las palabras cuando estas se utilizan, hay que diferenciar lo que se dice de lo que significa, porque de lo contrario no será fácil discernir los contenidos y principios de los propios comportamientos de las personas. Me estoy refiriendo a la clásica distinción, en origen de J. Austin[1], de los lingüistas sobre los actos del habla sobre el uso locutivo del lenguaje (el que se refiere al hecho mismo de hablar) y su extensión ilocutiva y perlocutiva relacionado con la intención del hablante y los comportamientos que pueden generar en las personas. Es verdad que estas primeras aproximaciones se han diversificado enormemente con el propio desarrollo de la pragmática, pero me pueden valer como introducción a lo que quiero decir en estos comentarios.

Sin duda, en el uso actual que se hace del lenguaje, especialmente los responsables sociales y mediáticos, no solo se ha dado entrada a la mentira y la ocultación de la verdad, sino que se han utilizado al máximo la imagen y los contextos expresivo-corporales y de contexto, que han multiplicado los significados de las palabras hasta vaciarlas de su propio contenido original. Normalmente el significado verdadero parece quedar reducido por simplificación al uso ideológico del mismo, Parece que a nuestros responsables y líderes sociales solo les preocupa construir un lenguaje dando especial protagonismo a un único y vertical significado ideológico, que protagoniza cualquier otro sentido y uso. Esto se ha hecho siempre, pero en la actualidad se ha convertido en la utilización casi exclusiva de los medios de comunicación y los gestores públicos. Este protagonismo puede tener consecuencias graves en la conciencia del ciudadano, cuando las leyes y normativas, y el propio Parlamento, tocan aspectos que se refieren a la persona, los valores y las formas de comprender y aplicar las nuevas tecnologías.

Considero que esta situación de vacío es precisamente lo que sucede en muchos medios de comunicación, y especialmente en la política y la vida ciudadana española. Estamos perdiendo la capacidad fundamental del lenguaje, que debe ser la transparencia en el debate y

---

1   Son diversas las clasificaciones que han realizado los lingüistas, pero desde J. Austin (1962) y J. Searle (1969) siempre se reducen a estas tres generales.

la persecución de la participación, además de la necesaria reflexión en profundidad sobre los problemas y principios que se formulen. Hay que saber hablar y utilizar correctamente las palabras, su intencionalidad y sus efectos. Sin ello, los propios gobernantes construyen una forma de gestionar que en el fondo no resulta nada útil y contribuye a construir una vida pública, individualizada y sin capacidad de argumentar y relacionar significados y, con ello, la capacidad de poder pensar y convivir en la diferencia con justicia. Escuchemos a nuestros líderes sociales o las noticias de portada y tendremos los mejores ejemplos.

La vida pública y mediática queda centralizada en un vocabulario de veinte o treinta palabras, cuyas referencias y significados son casi el producto de una reducción intencional –prácticamente ideológica– por parte de los emisores públicos. Además, la gravedad de estas circunstancias aumenta, debido a la progresiva normalización que realizan los medios, los responsables públicos y, sin duda, muchos de los ciudadanos. Porque esto de normalizar conceptos es lo que habitualmente hacemos las personas en la vida diaria, la redundancia de los medios de comunicación, los contextos digitales y el uso de las RRSS.

En un texto, reciente[2], ya comentaba algo de esta situación, según la cual, en la vida cotidiana sucede lo mismo que en la comunicación publicitaria original. Es decir, lo que se ha construido en la vida pública española –y probablemente también en la europea– es la construcción progresiva de un lenguaje cuyos significados se centran, sin serlo, en una especie de eslogan, que construye la palabra de moda y que sustituye, determina o inhabilita a cualquier otro conjunto de significados que son los que le deben dar el sentido real y que puede extenderse a los comportamientos personales. En la publicidad, por ejemplo, existe ilocución y perlocución claramente dirigidas a la compra del producto o la percepción preferente de una marca y es un proceso totalmente justificable en la comunicación comercial. Sin embargo, si el lenguaje público se expresa como la publicidad, no dice nada o deja todo en manos de la interpretación individual, que no significa pluralidad sino caos. Por eso no se puede convertir la gestión política, y menos

---

2   J. Benavides Delgado. 2023, pp. 7–33.

todavía la información, en una cuestión de entretenimiento o apuesta ideológica simplista.

Verdaderamente esto de la normalización tiene una consecuencia inmediata –como son los propios hábitos que construye el individuo–, y viene a ser como el mejor añadido que utiliza la propia tecnología, que siempre se ofrece al ciudadano como lo único capaz de simplificar y agilizar la solución de todos sus problemas. Con ello, la formulación de leyes y decretos y los procesos de aplicación de la tecnología hacia un nuevo humanismo, se convierten en algo que se da por hecho, negando incluso el análisis de lo que sucede, porque su aplicación se convierte en algo absolutamente superficial. Por todo ello, esto del humanismo o de la ética se transforma en un problema que no se explica e impide pensar en sus propios fundamentos.

La vida política española y los propios medios informativos están bajo el dominio casi absoluto de este lenguaje, que puede tener consecuencias gravísimas para la propia sociedad y las próximas generaciones. Los ejemplos se suceden en diferentes ámbitos con las propias leyes, que se multiplican en decretos sin debate: la memoria democrática, la eutanasia, el inefable eslogan del «si es si» o, incluso, las propias nociones genéricas de los derechos o el vacío de significado de otras categorías como democracia, progresismo, fascismo… En este panorama, y más allá de los debates académicos, ¿estamos realmente en condiciones de hablar de nuevo humanismo o de estupidez?

La verdad es que en la actualidad se está haciendo más daño que bien en esto de atender a las novedades, porque se está institucionalizando la absoluta falta de contenidos sobre los que se habla, sus consecuencias en los comportamientos y el sentido o ausencia de la moral cada vez más cuestionada en su relación con la dignidad humana. Las leyes no pueden generar injusticia en la propia formulación de la ley, como la información no puede verse sujeta a lo políticamente correcto. Todo vale porque todo se puede decir y desdecir, afirmar o negar, prometer y engañar; y, lo que es peor, cuando un lenguaje se queda sin palabras no es capaz de reconstruir aquello que ya ha sido destruido.

Sin duda, más que una nueva época estamos viviendo el fin de un período histórico, la Modernidad, que ha ido gestándose en los últimos quinientos años. A. Pego[3], reflexiona sobre esto con mucho acierto: vivimos no en el inicio de una nueva época –escribe–, sino en la fase final del período histórico que aceleró la Revolución francesa. Si durante dos siglos hemos asistido a transformaciones radicales en el plano político, social y económico, desde hace cincuenta años se ha producido el asalto definitivo a las bases antropológicas y morales del «antiguo» orden: concepción y final de la vida, identidad biológica y organización familiar; es decir, el sentido tradicional de la existencia humana. Si a esta reflexión añado mis comentarios anteriores, esto del nuevo lenguaje impide el diálogo institucional y provoca desorientación –incluso en el Derecho–, impotencia en el ciudadano y falta de credibilidad social[4]. Los avances tecnológicos aumentan este problema.

Por todo ello, lo primero que tenemos que hacer frente a los nuevos retos que se nos presentan es discernir las preguntas y aprovechar nuestra historia, que, pese a sus errores, ha descubierto verdades auténticas que deben aprovecharse y profundizarse. Frente a ese supuesto nuevo humanismo es imprescindible atender a una de las bases de la moral: la dignidad humana[5]. ¿Cabe realmente hablar de nuevo humanismo –transhumanismo– cuando la realidad arrasa con las normas, la ética, la moral y la propia igualdad? ¿Sabe la actual sociedad lo que debe hacer frente y de cara a las nuevas generaciones que ya utilizan, casi desde sus primeros años, las más diversas tecnologías sin atender o comprender lo que estas significan o el necesario sacrificio, esfuerzo y colaboración con el otro? O cambiando sus referentes, pero no la pregunta: ¿saben las empresas e instituciones lo que todo esto significa a la hora de hablar de transparencia, verdad, equidad y justicia con sus propios clientes, que son, antes que otra cosa, personas? ¿Qué está por encima la ética o la realidad; las normas o la propia vida?... Tengamos en cuenta que todo esfuerzo por introducir una normativa que abarque todas las variantes de la realidad es un trabajo ingente de dudoso futuro y puede incluso que inaplicable. Pero estas cuestiones y otras derivadas prefiero dejarlas para los siguientes artículos.

---

3   A. Pego Puigbó 2022, p. 111.
4   Por ejemplo, ver, J. L. Cebrián, pg. 44.
5   Por ejemplo, lo que ya indica el texto de M. Atienza (2022), p. 37-49.

LA ESPERANZA REGULATORIA EN SOSTENIBILIDAD: MÁS DUDAS QUE CERTEZAS

JOAQUÍN FERNÁNDEZ MATEO

Profesor del área de Filosofía de la Facultad de Ciencias Jurídicas y Sociales de la Universidad Rey Juan Carlos

En una publicación anterior[6] describíamos cómo la literatura sobre Responsabilidad Social Empresarial ha generado un escenario en el que las preocupaciones sociales, ambientales y de buen gobierno son cada vez más relevantes. Tras un lento pero constante proceso, los criterios ESG empiezan a ser incluidos en los análisis financieros para evaluar riesgos y oportunidades. Las estrategias de inversión ESG pueden implicar desde la eliminación de sectores específicos, hasta la búsqueda de resultados sociales y medioambientales positivos. Los inversores pueden excluir a empresas que hayan infringido gravemente la legislación laboral o reconocer la presencia de las compañías en los *rankings* ESG, que valoran, por ejemplo, las bajas emisiones en carbono. Pero también pueden no hacerlo, dependiendo de las circunstancias del mercado o simplemente no de una manera suficientemente sistemática.

Bajo esta nueva visión de la actividad empresarial —y armados de mucho optimismo— el tradicional enfoque económico de Milton Friedman parece una reliquia del pasado. Recordemos su visión: los CEOs de las compañías tienen la responsabilidad —como empleados de los accionistas— de defender únicamente sus intereses económicos.

---

6   Fernández Mateo, J. (2022) *Las turbulencias del capitalismo sostenible y las amenazas del capitalismo espectacular.* Diario Responsable. Recuperado de: https://diarioresponsable. com/opinion/33380–las–turbulencias–del–capitalismo–sostenible-y-las-amenazas-del-capitalismo-espectacular.

Esta es su única responsabilidad empresarial. De hecho, desde 1978, la *Business Roundtable* —asociación de líderes empresariales de Norteamérica— ha defendido siempre la primacía del accionista sin lugar a dudas y, en consecuencia, se han abierto brechas de diverso tipo y tamaño.

Conscientes de las fracturas que ha generado históricamente nuestro sistema económico, y bajo el impulso de un complejo y multilateral organigrama institucional[7], se lograron declaraciones de buenas intenciones en una línea diferente. Un ejemplo fue la declaración titulada «*A New Statement on the Purpose of a Corporation*», elaborada por la ya mencionada *Business Roundtable* en 2019[8]. En este comunicado, firmado por 181 CEOs, se establece el compromiso de dirigir las empresas en beneficio de todos los *stakeholders*: clientes, empleados, proveedores, comunidades y accionistas. El interés del accionista se sustituye por el interés de la sociedad: los CEOs trabajan para generar beneficios y devolver valor a los accionistas, pero las compañías que ponen al cliente en primer lugar e invierten en sus empleados y comunidades están mejor gestionadas y parecen garantizar el valor a largo plazo. Algunos de los nuevos principios de gobierno corporativo son el fomento de la diversidad, la inclusión, el trato justo y ético con los proveedores o el respeto a las comunidades, aportando valor a todos los *stakeholders* con prácticas sostenibles.

En una línea parecida, BlackRock, la mayor gestora de activos del mundo, en su interés por proteger y aumentar el valor de los activos de sus clientes, ha defendido que los criterios ESG forman parte integral de sus operaciones. Las dimensiones ESG pueden contribuir al análisis financiero y a la inversión racional. El interés de una empresa

---

7   Andreu Pinillos, A., Fernández–Fernández, J. L., & Fernández Mateo, J. (2019). *Pasado, presente y futuro de los objetivos del desarrollo sostenible (ODS). La tecnología como catalizador (o inhibidor) de la Agenda 2030*. ICADE. Revista de la Facultad de Derecho, (108). https://doi.org/10.14422/icade.i108.y2019.001

8   *Business Roundtable Redefines the Purpose of a Corporation to Promote 'An Economy That Serves All Americans'* (2019) Corporate Governace, Retrieved from: https://www.businessroundtable.org/business-roundtable-redefines-the-purpose-of-a-corporation-to-promote-an-economy-that-serves-all-americans

por gestionar adecuadamente los riesgos ESG es una señal de sostenibilidad en el largo plazo.

Para BlackRock[9], las empresas que gestionan bien los riesgos ESG se adaptan rápidamente a los cambios en las tendencias medioambientales y sociales, enfrentándose mejor a los nuevos reglamentos y minimizando el posible daño a su reputación. Es más, las empresas con una buena calificación en cuestiones materiales de sostenibilidad superan significativamente a las empresas con malas calificaciones en estas cuestiones.

Pero el CEO de Black Rock, Larry Fink, ha sido objeto de fuertes críticas. Bluebell Capital Partners —una firma de inversión activista británica— ha pedido su dimisión por hipocresía en los criterios ESG: BlackRock sigue siendo uno de los principales accionistas de empresas como Glencore y las «mineras intensivas en carbón» Exxaro, Peabody y Whitehaven. Para Giuseppe Bivona[10], codirector de inversiones de BlueBell, «cuando el precio del carbón era de alrededor de 76 dólares por tonelada, BlackRock estaba hablando esencialmente de desinvertir. Ahora que el precio del carbón es de 380 dólares por tonelada, están hablando de propiedad responsable. Creo que hay una alta correlación entre la estrategia de BlackRock sobre el carbón y el precio del carbón». Una vez más, el cansancio de las buenas intenciones.

El 10 de noviembre de 2022, el Parlamento Europeo aprobó la propuesta de Directiva sobre Información Corporativa en Materia de Sostenibilidad[11], que pretende mejorar la rendición de cuentas de las empresas al obligarlas a informar regularmente sobre el efecto de su actividad en las personas y el medioambiente. La nueva directiva europea de sostenibilidad, aprobada por el Consejo el 28 de noviembre, está generando una gran expectativa. Implica que las compañías

---

9   Novick, B., Winshel, D., McKinley, J., & Edkins, M. (2016). *Exploring ESG: A practitioner's perspective*. Black Rock, 1–14. Retrieved from: https://perma.cc/592G–8T4S

10   CNBC (2022, 7 December) *Activist investor calls for BlackRock CEO Fink to step down over ESG 'hypocrisy'*, Finance, Retrieved from: https://www.cnbc.com/2022/12/07/activist-investor-calls-for-blackrock-ceo-fink-to-step-down-over-esg-hypocrisy.html

11   Council of the UE (2022, 28 November) *Council gives final green light to corporate sustainability reporting directive*. Retrieved from: https://www.consilium.europa.eu/en/press/press–releases/2022/11/28/council-gives-final-green-light-to-corporate-sustainability-reporting-directive/?trk=public_post_comment–text

diseñen nuevos planes para adaptarse a los cambios legislativos. Como se ha descrito la intemerata, muchas compañías han elaborado políticas de sostenibilidad adelantándose de forma voluntaria a los nuevos reglamentos, pero esta directiva puede ser más ambiciosa. La nueva directiva ofrece obligaciones más detalladas, que llevarían a las compañías a elaborar un exhaustivo mapa de riesgos, tanto en lo relativo a los derechos humanos, como en materia de emisiones. De no hacerlo, los afectados por las infracciones de las compañías podrían exigir responsabilidades en forma de indemnizaciones o multas.

En esta línea, el pasado 23 de febrero de 2022 se publicó la nueva propuesta de Directiva sobre diligencia debida de la Comisión Europea, un paso adelante para homogeneizar los requerimientos entre los Estados miembros. Incluir la diligencia debida en las empresas implica un cambio en los códigos de conducta, con un impacto en su cadena de suministro, es decir, más allá de la propia organización. El seguimiento de los criterios ESG puede implicar la rescisión de los contratos con aquellos proveedores que no cumplan con la política de sostenibilidad o la pongan en riesgo. La responsabilidad social de las empresas deja de estar en manos de las buenas intenciones y pasa a someterse a los requerimientos legislativos, es decir, la sustitución de la voluntad por las exigencias. Estas exigencias ponen en juego importantes herramientas de evaluación, supervisión, mitigación de riesgos o corrección de potenciales efectos negativos sobre las personas y el planeta.

Sin embargo, parece que tales exigencias han quedado debilitadas o descafeinadas por deficiencias «que corren el riesgo de impedir que la directiva logre el impacto positivo que las personas, el planeta y el clima necesitan urgentemente»[12]. Diversas voces temen la ausencia de aquellas exigencias ciudadanas que obligarían a las empresas a cartografiar con mayor precisión su cadena de valor —ahora, cadena de actividades[13]—, quedando sin supervisión aquellos puntos de la cadena donde se producen los daños más graves.

---

12   Declaración de la Sociedad Civil (2022) *Declaración de la sociedad civil sobre la propuesta de directiva europea sobre diligencia debida de las empresas en materia de sostenibilidad.* Fuente: https://empresasresponsables.org/wp–content/uploads/2022/05/CSO_statement_CSDDD_ES.pdf y https://corporatejustice.org/wp–content/uploads/2022/05/CSO_statement_CSDDD_EN.pdf

13   Obregón Quiroz, S. (2022, 9 December) *ECCJ in Social Europe: Political leaders sabo-*

En este escenario de desconfianza generalizada, caldo de cultivo para el crecimiento de los gérmenes políticos, las instituciones europeas ofrecen una esperanza regulatoria para la superación de decálogos de buenas intenciones y atractivos comunicados. Sin embargo, es razonable temer que la búsqueda de la competitividad vulnere la rendición de cuentas, el compromiso con los derechos humanos y el medioambiente.

taging corporate sustainability. European Coalition for Corporate Justice. Fuente: https://corporatejustice.org/news/eccj-in-social-europe-political-leaders-sabotaging-corporate–sustainability/

¿SOSTENIBILIDAD O STATU QUO? LA DIFÍCIL ELECCIÓN QUE DEFINIRÁ NUESTRO FUTURO

JOAQUÍN FERNÁNDEZ MATEO

Profesor del área de Filosofía de la Facultad de Ciencias Jurídicas y Sociales de la Universidad Rey Juan Carlos

En este texto vamos a describir el complejo escenario de la sostenibilidad, donde diferentes actores construyen una realidad plural con muchas aristas. A partir de una propuesta ideal, descenderemos hacia consideraciones más pragmáticas, identificando enfrentamientos ideológicos que suponen un freno para la sostenibilidad de nuestras sociedades.

Los científicos han presentado datos concluyentes sobre el impacto del cambio climático de origen antropogénico —origen que no alberga dudas[14]—, no solo en los ecosistemas sino también en la economía y las actividades humanas. Uno de los impactos más evidentes del cambio climático son las consecuencias económicas que genera el aumento de la frecuencia e intensidad de los desastres naturales[15], como huracanes, inundaciones, sequías e incendios forestales. Estos fenómenos causan daños materiales, pérdidas humanas y afectan a sectores clave como la agricultura, la energía, el transporte y el turismo.

---

14   Recientes estudios confirman que no existe un debate científico significativo entre los expertos sobre si el cambio climático es o no de origen humano. Esta cuestión está totalmente zanjada, y la realidad del cambio climático antropogénico no suscita controversia entre los científicos. El minúsculo número de artículos que discrepa de este abrumador consenso científico no ha tenido ningún impacto perceptible, presumiblemente porque no aportan ninguna prueba convincente para refutar la hipótesis de que —en palabras del IPCC— «es extremadamente probable que la influencia humana haya sido la causa dominante del calentamiento observado desde mediados del siglo XX», y, más recientemente "es inequívoco que la influencia humana ha calentado la atmósfera, el océano y la Tierra». Véase, Lynas, M., Houlton, B. Z., & Perry, S. (2021). *Greater than 99 % consensus on human caused climate change in the peer–reviewed scientific literature.* Environmental Research Letters, 16(11), 114005.

15   Van Aalst, M. K. (2006). *The impacts of climate change on the risk of natural disasters. Disasters,* 30(1), 5-18.

El cambio climático ocasionará una significativa reducción de la productividad. Por un lado, de la productividad agrícola[16], viéndose reducido el crecimiento y la calidad de las cosechas, lo que conlleva una menor oferta y un mayor precio de los alimentos. Por otro, de la productividad laboral; el aumento de las temperaturas y las olas de calor afectarán a la salud y el bienestar de los trabajadores, disminuyendo su rendimiento y aumentando el riesgo de accidentes.

Un impacto económico y social significativo es el incremento de los conflictos y las migraciones forzadas por la escasez de recursos hídricos y tierra cultivable[17]. Estos cambios obligarán a muchas personas a abandonar sus hogares buscando mejores condiciones de vida en otros lugares.

Todos estos fenómenos están demostrando el impacto económico negativo del cambio climático, que afecta tanto al crecimiento económico como al desarrollo sostenible. Esto explica y justifica las medidas que gobiernos y organizaciones están tomando para reducir las emisiones, tratando de mitigar la magnitud de sus efectos que ya son inevitables. Pero estas medidas no solo son una obligación moral: están siendo una oportunidad para impulsar la innovación y la competitividad de las organizaciones. Este último punto nos conectará con elementos muy relevantes de este escenario, claro en su diagnóstico pero de difícil tratamiento.

Como consecuencia de estos impactos económicos, sociales y ambientales, científicos y organizaciones no gubernamentales nos piden cambiar el modelo productivo para evitar fenómenos críticos. Algunos defienden que el decrecimiento económico sería la teoría adecuada o el proceso ideal para transitar hacia una sociedad con menos impactos socio-ambientales.

---

16   Gornall, J., Betts, R., Burke, E., Clark, R., Camp, J., Willett, K., & Wiltshire, A. (2010). *Implications of climate change for agricultural productivity in the early twenty-first century.* Philosophical Transactions of the Royal Society B: Biological Sciences, 365(1554), 2973-2989.

17   Reuveny, R. (2007). *Climate change-induced migration and violent conflict.* Political geography, 26(6), 656-673.

El decrecentismo

El decrecentismo es una corriente de pensamiento que propone una reducción del consumo y la producción como forma de preservar el medioambiente, mejorando la calidad de vida. Se basa en la idea de que el crecimiento económico ilimitado es insostenible e incompatible con los límites ecológicos del planeta. Como describe con precisión Manuel Arias Maldonado:

«La insostenibilidad del crecimiento suele explicarse como una consecuencia inevitable de su dependencia de recursos finitos; llegará el momento en que los sistemas naturales no puedan seguir alimentando la máquina del crecimiento, que hoy es capitalista y en su momento fue también socialista. Este argumento fue presentado por vez primera -Malthus al margen- con el famoso informe del Club de Roma sobre los límites del crecimiento (Meadows et al., 1972). Para los decrecentistas, el cambio climático viene a reforzar esta idea: el decrecimiento planificado es ineludible si queremos mitigar el calentamiento global y evitar esos tipping points (puntos de inflexión) que amenazan con modificar duraderamente el sistema climático (Alexander, 2013). Por otro lado, no obstante, se afirma que el crecimiento económico no es una panacea. Ni fortalece a las comunidades ni hace más felices a los individuos: es un espejismo, la falsa verdad a la que se aferran las sociedades contemporáneas (Douthwaite, 1993). El crecimiento es insatisfactorio e insostenible; el decrecimiento propiciaría formas de vida auténticas y sostenibles»[18].

El decrecentismo no busca renunciar al bienestar, sino encontrar formas alternativas de satisfacer las necesidades humanas sin depender de la acumulación material o procesos intensivos en tecnología y capital. ¿Cómo? Por ejemplo, con modelos de agricultura ecológica y local, garantizando el acceso a alimentos sin depender de grandes corporaciones agroindustriales, o desarrollando una nueva movilidad que fomente el uso de medios de transporte alternativos —no intensivos

---

18   Maldonado, M. A. (2022). *Transición energética, imaginarios sociales y política democrática.* Panorama social, (36), 9-19.

en energía y recursos naturales–, como la bicicleta, el transporte público o el coche compartido. Las formas de turismo masivo causantes del deterioro del patrimonio natural y cultural también se verían transformadas o limitadas.

La transición hacia una economía social basada en la cooperación y la participación, respetando derechos humanos y ambientales, es deseable, pero podría tener un significativo impacto en el empleo. Estudiemos un caso ideal concreto. La transición hacia una economía decrecentista donde la industria del automóvil y la aviación, por ejemplo, queden sustituidas por otras formas de transporte y movilidad menos intensivas en energía y recursos tendría un relevante impacto en el empleo, con una significativa pérdida de puestos de trabajo. Los trabajadores de la industria del automóvil y de la aviación tendrían que buscar otras alternativas laborales, lo que implicaría una reorientación profesional y una posible pérdida de ingresos. Es cierto que se crearía una mayor demanda de mano de obra en los sectores relacionados con formas de transporte alternativo –por ejemplo, la producción de bicicletas–, lo que generaría nuevos empleos y oportunidades. Pero, ¿podríamos garantizar el mismo nivel de ingresos?

El decrecentismo aboga por vivir con menos: con menos consumo de energía, con menos bienes que obligan a extraer recursos finitos de la naturaleza. En este contexto, ¿qué pasaría con los impuestos que paga la industria del automóvil o de la aviación? La transición ecológica implicaría una disminución de los ingresos fiscales que provienen de estas industrias, por ejemplo, el impuesto de sociedades o el impuesto especial de hidrocarburos. ¿Deberíamos introducir una renta básica de transición que garantice un nivel mínimo de ingresos para todas las personas que procedan de esa industria? ¿Recuperarían su nivel adquisitivo con la nueva economía? A mayor abundamiento, ¿podría garantizarse la financiación del Estado del bienestar?

La sostenibilidad empresarial

La sostenibilidad de los negocios es un intento de lograr una transición económica sin renunciar a determinadas utilidades. Parece claro que la sustitución del coche de combustión interna por el eléctrico es un intento de no disminuir esos ingresos, que impactan en diferentes grupos de interés. Porque el coche eléctrico es difícilmente justificable desde el punto de vista de la sostenibilidad. Pensemos en la masiva extracción de materiales para su construcción. La producción de baterías requiere de minerales como el litio, el cobalto y el níquel, lo que puede tener un impacto negativo en el medioambiente. La minería puede dañar los ecosistemas, siendo el proceso de extracción intensivo en emisiones. Debemos añadir la gran cantidad de energía y consumo de agua para su producción —frente a un proceso de reutilización, mejora y adaptación del viejo coche de combustión interna, ¿quizá con catalizadores que disminuyan las emisiones? Además, las baterías de litio son difíciles de reciclar debido a la complejidad de su estructura y la mezcla de metales y otros materiales en su interior[19]: es necesario desarrollar una infraestructura adecuada para el reciclaje de baterías y así reducir sus riesgos ambientales y de salud pública. Por último, en la actualidad el coche eléctrico tiene un significativo impacto social: no es accesible para todos los sectores de la población, tanto por su precio como por la infraestructura para su recarga.

Como vemos, la escenografía del Antropoceno tiene múltiples detalles y actores, algunos obviados por cuestiones de espacio y redacción. Pero no podemos terminar el artículo sin describir las resistencias y reacciones que genera esta transición.

---

19   Iglesias-Émbil, M., Valero, A., Ortego, A., Villacampa, M., Vilaró, J., & Villalba, G. (2020). *Raw material use in a battery electric car-a thermodynamic rarity assessment*. Resources, Conservation and Recycling, 158, 104820.

La reacción anti-ESG

En Estados Unidos, algunos estados en manos de políticos republicanos han iniciado un movimiento anti-ESG acusando al CEO de BlackRock, Larry Fink, de ser el responsable de que otras compañías asuman su tesis de invertir en criterios ESG para combatir el cambio climático y acelerar la transición energética. Incluso el estado de Texas aprobó en 2021 un proyecto de ley que prohibía invertir directamente en acciones de bancos y gestores que discriminaban a la industria de los combustibles fósiles. Otros bastiones republicanos como Florida, Wyoming, Dakota del Norte e Indiana han elaborado proyectos de ley que buscan limitar las denominadas prácticas de inversión ESG, obligando a los Gobiernos a romper sus relaciones comerciales con las empresas de Wall Street que defienden estas políticas[20]. Por ejemplo, en el estado de Wyoming, rico en carbón, los legisladores han cortado los lazos con carteras de inversión que han evitado a empresas energéticas por motivos medioambientales[21]. Los funcionarios estatales habrían advertido de que esto podría costar dinero a los fondos de pensiones al restringir indebidamente sus opciones.

Este es un ejemplo que tiene réplicas e isomorfismos en otros países, reacciones que enturbian un debate cuyos lineamientos parecían claramente definidos, pero cuya implementación resulta mucho más compleja, con ganadores y perdedores.

20 *Money Managers Raise Alarms Over Anti–ESG Crusade in GOP States.* (2023, March 28). Bloomberg. https://www.bloomberg.com/news/articles/2023–03–28/anti–esg–crusa-des-in-gop-states-stumble-amid-pension-pushback

21 *Wall Street titans confront ESG backlash as new financial risk.* (2023, March 1). Financial Times. https://www.ft.com/content/f5fe15f8–3703–4df9–b203–b5d1dd01e3bc

Conclusión

Las nuevas políticas de transición ecológica se están enfrentando a viejos modelos de negocio que tienen, no solo un fuerte arraigo sociolaboral, sino elementos estructurales que son muy difíciles de obviar. Es difícil renunciar a la versatilidad del petróleo, especialmente con los inconvenientes de las energías renovables en aquellas actividades que son muy difíciles de electrificar[22]. Implementar políticas públicas en consonancia con las evidencias científicas no es nada fácil, pues existen diversas resistencias, ya sea por los aspectos estructurales del sistema económico, por el miedo al desempleo o por la imposibilidad de garantizar un estilo de vida que se enfrenta a los límites del crecimiento.

Es más, ahora que se habla de cuarta Revolución industrial, todavía somos muy dependientes de formas de transporte pertenecientes a la segunda Revolución industrial, como la industria de la aviación o el transporte marítimo. Es más, pareciera que sobre una base indudable de consumo de combustibles fósiles se están construyendo nuevas industrias y modelos de negocio intensivos en energía[23].

---

22   Turiel, A. (2021, *November* 28). «*La escasez de materiales es una estaca en el corazón de la transición energética*». Consejo Superior De Investigaciones Científicas. https://www.csic.es/es/actualidad-del-csic/antonio-turiel-la-escasez-de-materiales-es-una-estaca-en-el-corazon-de-la

23   Pascual, M. G. (2023, March 23). *El sucio secreto de la Inteligencia Artificial. El País.* https://elpais.com/tecnologia/2023-03-23/el-sucio-secreto-de-la-inteligencia-artificial.html

CONSEJOS DE ADMINISTRACIÓN, DIVERSIDAD DE GÉNERO Y SOSTENIBILIDAD

INÉS GOMIS

Economista, miembro de EBEN y del Instituto de Consejeros Administradores

En junio del año 2022 tuvo lugar en Madrid la V edición de los Premios de Investigación en Ética Empresarial patrocinada por la Cátedra de Ética Económica y Empresarial de la Facultad de Ciencias Económicas y Empresariales de la Universidad Pontificia Comillas (Comillas ICADE) y Bankinter Consumer Finance. En esta ocasión, el primer premio se otorgó a tres mujeres: Clara Gallego Sosa, Milagros Gutiérrez Fernández y Yakira Fernández Torres, de la Universidad de Extremadura, por su trabajo «Apuesta por la sostenibilidad del gran sector bancario europeo y su relación con la diversidad de género en el ámbito directivo. Una visión desde la agenda 2030». En el acta del jurado queda plasmada «la calidad científica y la temática, que relaciona los aspectos clave vinculados a la sostenibilidad, los objetivos de desarrollo sostenible, el sector bancario y la diversidad».

En este trabajo se analizaban 50 bancos europeos y la relación existente entre el papel de la mujer en los Consejos de Administración y el avance en los distintos pilares de la agenda 2030. Otra cuestión importante del citado trabajo, y que merece la pena destacar, es que se observan diferencias entre las empresas que cuentan con al menos tres mujeres o un 30 % de estas en sus Consejos de Administración y las restantes empresas, lo que valida la teoría de la masa crítica: el talento femenino se traduce en este caso en aportaciones positivas, mientras que en caso contrario pueden ser indiferentes.

Pero ¿qué se pide a las mujeres para formar parte de los Consejos de Administración? Podríamos hacer distinción entre las empresas grandes, cotizadas, las que forman parte del IBEX o las empresas no cotizadas, pero en este caso no pretendemos hacer una distinción detallada sino exponer las capacidades y experiencias requeridas por las empresas solicitantes.

Un requerimiento habitual de las grandes organizaciones y para las comisiones de auditoría es que la candidata proceda de una de las cuatro grandes empresas auditoras o haya sido responsable de la auditoría interna de una empresa grande o cotizada; otro aspecto importante es que haya sido miembro del «C-level», es decir, de la Alta Dirección de una organización.

Para el resto de organizaciones se suelen requerir candidatas con perfiles más generalistas y pluridisciplinares, con buen conocimiento del negocio internacional. La experiencia y conocimientos en materias como Gestión de Riesgos, Compliance, ESG, RR.HH., tecnología o ciberseguridad aportan valor añadido a la candidatura.

En lo que hace referencia a las «soft skills», o habilidades blandas, cabe destacar la capacidad estratégica, que no debe confundirse con la capacidad de análisis, así como la buena reputación en el mercado, la capacidad de relación a todos los niveles, la humildad, la autoconfianza, la escucha activa y la independencia de criterio. En cuanto al ámbito social, es importante contar con una amplia red de relaciones externas.

Los criterios de selección deben tener en cuenta que para las mujeres todavía es difícil alcanzar puestos de responsabilidad en las organizaciones, y por ello el número de mujeres directoras generales o consejeras delegadas es reducido. Las organizaciones deberían ampliar su enfoque y dar mayor importancia a la experiencia y conocimientos adquiridos en otras responsabilidades que no son las específicas de un consejero delegado y sí relevantes para la organización. En este sentido parece que se empiezan a producir cambios en los enfoques, tanto por parte de las organizaciones como de las empresas de selección y alguna nueva consejera ha precisado que su elección era debida a su experiencia y conocimientos en ESG.

Otra cuestión relevante y a tener en cuenta, es el proceso previo a la incorporación de la mujer a los Consejos de Administración: la información, no solo debe incluir lo que se refiere al negocio y a sus productos y servicios, sino también la cultura del Consejo y las expectativas sobre el valor que pueden aportar las nuevas consejeras.

La incorporación de la mujer a los Consejos es un primer paso, que en muchos casos solo responde al cumplimiento de los requerimientos legales, pero el objetivo es conseguir que, tras su incorporación, alcancen una participación activa que les permita influir en la toma de decisiones y añada valor a la organización.

Para ello es fundamental que los Consejos de Administración mejoren de forma sustancial su trabajo en equipo, que practiquen el liderazgo inclusivo frente a individualismos, que se potencie desde el inicio la participación de los nuevos consejeros o consejeras, que sean tolerantes con los distintos puntos de vista y con la ambigüedad, que todos los votos tengan la misma consideración, que tengan en cuenta la teoría de la masa crítica sobre el porcentaje de mujeres en el Consejo y que anticipen tendencias para garantizar la sostenibilidad de la organización.

CHATGPT Y LA PERPETUACIÓN DE LA DESIGUALDAD

JOSÉ ANTONIO VEGA VIDAL

Profesor de Economía, Universidad Pontificia Comillas

Hace unos días salía a la luz la noticia de que Bloomberg había creado un modelo de lenguaje similar a ChatGPT al que estaba entrenando con la información de su base de datos. Hasta aquí nada distinto de lo que otros muchos pueden estar haciendo con su información y sus bases de datos en estos días alrededor de todo el mundo. Pero al hilo de esta noticia se me planteaba la siguiente cuestión: ¿qué ocurriría si la información deja de ser pública *per se* y se convierte en un elemento de entrenamiento para el lenguaje de procesamiento que ya no será público? Es decir, ¿no se daría una ventaja incomparable a quien tenga acceso al nuevo modelo de análisis frente a los demás? ¿Estamos ante un nuevo monopolio del conocimiento?

El concepto de ventaja competitiva lleva entre nosotros desde que el Prof. Michael Porter lo formalizase en los años 80 y su definición nos deja claro que establece una ventaja frente a los competidores. Si lo anterior lo combinamos con una innovación disruptiva, la que causa cambios drásticos y radicales, que describió el Prof. Clayton Christensen a mediados de los 90, le sumamos algunos ingredientes de la Teoría de los mercados y del monopolio, como pueden ser la existencia de barreras de entrada, el panorama puede ser un tanto alarmante. Me viene a la mente algo que nos decía el Prof. Pablo Fernández y que usaba como recurso con sus estudiantes para encaminar el análisis de algún caso práctico. Le parafraseo diciendo que: «El mundo se va a dividir en dos tipos de personas»: aquellas con acceso pleno a ChatGPT (o similares), su desarrollo y evolución, y las que no tengan acceso a ello.

Claro, cuando se piensa en una tecnología que permite reducir en algunos negocios el número de trabajadores a la mínima expresión (p. ej.. Domestika), que simplifica los procesos de atención (p. ej..

aseguradoras para siniestros), que no se cansa ni aburre (p. ej.. análisis de productividad) y que eventualmente podría estar redactando este artículo en menos tiempo que el lector tarde en tomarse un café (no es el caso), la cuestión comienza a tomar tintes peligrosos. Y si además pensamos que quienes dispongan de más medios podrán disponer de mejores soluciones para seguir manteniendo su ventaja, sino aumentándola, la cuestión como decía antes se vuelve preocupante.

Los que hemos encontrado en la ciencia ficción un reducto para explorar los límites del conocimiento, y hemos seguido cómo alguna ficción mutaba en realidad, encontramos que esta nueva tecnología abre un interesante proceso de decisión. En la valoración de opciones reales usamos árboles de decisión o sistemas binomiales que ayuden a valorar las opciones. Pues bien, le plateo, amable lector, el siguiente reto: tome una hoja en blanco y cree un árbol con dos ramas. En la primera ponga si usted tiene acceso a un lenguaje tipo ChatGPT o no. Segundo nivel del árbol: si ese sistema es suyo o no. Tercero, si los datos que lo han entrenado son suyos o no. Cuarto, si puede explotarlo comercialmente o si depende de terceros para ello. Si ha llegado a este punto ya entiende cuál es mi línea de reflexión. Nuevo sistema, del que no tengo control, entrenado con datos de otros e información pública, que puede procesar la información de manera eficiente y precisa (mejorando con cada evolución) y que si se enlazase a entornos de negocio donde existen ineficiencias podrían beneficiarse de ello de una manera efectiva y sin preocuparse de cuestiones morales o éticas. Una vez conquistado el mercado no habría objeción para que el siguiente paso fuera el ser humano.

Pongamos, por ejemplo, el caso de una inteligencia artificial (IA) conectada a los sistemas y equipos de un grupo de trabajadores viendo qué hacen, cómo lo hacen, siguiendo sus agendas y eventualmente gestionando su día a día. Disponiendo de información suficiente y de un modelo adecuado nada sería óbice poder identificar «patrones» de éxito y de fracaso. Y cuanto mayor fuera el colectivo a evaluar mayor sería la capacidad de uso y explotación de la información y su puesta en valor premiando o castigando según los ejemplos dados. Antes se miraba al jefe o al profesor con ojos de Pigmalión. Hoy el nuevo Pigmalión no necesita ojos para ver. Imaginemos otro caso: un trabajador de una planta productiva. Quien no sigue al pie de la letra las instrucciones de seguridad puede ser un riesgo para sí, para otros y para la producción, de manera que no habría problema en identificar qué trabajadores presentan patrones de mayor riesgo recomendando su reubicación o subsiguiente amortización para asegurar el mantenimiento de la rentabilidad y seguridad de la empresa. No estoy diciendo que uno u otro caso no se estén haciendo ya con herramientas menos sofisticadas y estructuradas, pero el giro que supone poder hacerlo de manera autónoma, sin preocuparnos de ello hasta que no recibamos los resultados ofrece una posibilidad hasta ahora poco conocida.

Retomo mi pregunta inicial y cuestiono: ¿quién podrá beneficiarse de ello? Solo quien disponga de los recursos técnicos y humanos para poder gestionarlo. Y cuanto más grande sea una organización o un colectivo mayor será la disponibilidad de recursos para invertir en gestionar de esta manera. ¿O acaso piensa usted amable lector que será lo mismo un gran despacho de abogados con una IA ayudando en el análisis de casos, legislación, precedentes y alternativas adecuadas a cada perfil de juez o jurado que un pequeño abogado que se instala en su oficina y que con esfuerzo paga el acceso a la base de datos de legislación más económica? Creo haber dado pistas de mi opinión al respecto, por lo que no insistiré sobre ella.

Pero no seamos catastrofistas. Vivimos en un mundo en constante cambio «mutatis mutandi» (cambiando lo que hacía falta ser cambiado), y lo importante es que seamos capaces de encontrar capacidades, valores y oportunidades de hacer mejor las cosas, subidos, cuando sea posible, a hombros de gigantes, como escribió Juan de Salisbury (*Nos sumus sicut nanus positus super humerus gigantis, Metalogicon*, 1159). El proceso de conocimiento y desarrollo del ser humano nos llevará a donde sea preciso, pero es fundamental no olvidarnos de la palabra clave: humano.

SENTIDO Y SOSTENIBILIDAD

JOSÉ ANTONIO VEGA VIDAL

Profesor de Economía, Universidad Pontificia Comillas

Querido lector que ha llegado a esta página y ha encontrado puerto seguro en estas líneas para descansar sus ojos ávidos de lectura y experiencia, ¿qué espera realmente encontrar aquí? Muchos lectores antes que Usted han encontrado cobijo en estas líneas mientras buscaban amparo… mientras buscaban sosiego… mientras sus espíritus encontraban fuerza en la flaqueza para convencerse de que hay una economía real y sostenible más allá de palabros inventados por banqueros, consultores y políticos. Pero ellos, al igual que ahora le ocurre a Usted, han terminado por sospechar que había truco en esta llamada. Que sentido y sostenibilidad debieran compartir sus líneas, pero, sin embargo, en la realidad distan mucho de ser fieles y leales compañeras.

Nos dice la Real Academia que sentido, dicho de una cosa, incluye o expresa un sentimiento, lo que viene siendo un estado afectivo del ánimo. Y su compañera en el viaje de estas líneas, la sostenibilidad, viene a ser la cualidad de lo sostenible, que es, en lo que a nosotros se refiere, aquello que se puede mantener durante largo tiempo sin agotar los recursos o causar grave daño al medioambiente. ¿Y por qué esta digresión?, se preguntará el lector.

Pues bien, llevamos unos años donde entre pandemia, economía circular, objetivos del milenio, objetivos de desarrollo sostenible, regulación nacional, regulación europea, requerimientos de *limited partners*, solicitudes de información sobre inversiones, certificados de sostenibilidad, auditorías de sostenibilidad y otros muchos términos de esta verde sopa de letras, en ocasiones multicolor, que nos ha tocado vivir, alguna voz discordante se eleva para gritar como en el cuento de

Hans Christian Andersen «El traje nuevo del emperador»: «¡Pero si no lleva nada!».

Esa voz contemporánea ha sido la de Laurence D. Fink, presidente y CEO de BlackRock en su «Annual Chairman's letter to investors»[24] de 2023. Y lo ha dicho tan fuerte que el clamoroso silencio ha dejado perpleja a la comunidad financiera internacional. Tras años de subida de presión en las calderas económicas, tras ingentes esfuerzos para pintar de verde bonos, deudas y carteras de inversión, el CEO del principal fondo de capital riesgo a nivel mundial lo ha dicho con total claridad: «*It is not the role of an asset manager like BlackRock to engineer a particular outcome in the economy, and we don't know the ultimate path and timing of the transition. Government policy, technological innovation, and consumer preferences will ultimately determine the pace and scale of decarbonization. Our job is to think through and model different scenarios to understand implications for our clients' portfolios*». (Su negocio no es ser motores del cambio. Su negocio es dar servicio a los motores reales del cambio del cambio (gobiernos, innovadores y consumidores) ofreciendo productos adecuados a sus necesidades. El papel del asesor no es, por tanto, decir a las empresas en las que invierten qué deben hacer. Su papel es generar rentabilidad «duradera y sostenible para sus clientes».

Atronador silencio en la sala.

Mientras aún resuenan estas palabras termina de apuntillar el llamado a la realidad: «Nosotros ofrecemos alternativas a nuestros clientes (…) investigación, datos y análisis». «¡Pero si no lleva nada!»… se oye entre la multitud. Y todos callan.

Efectivamente, hay que agradecer estas palabras para poder tomar conciencia de cuál es el papel de cada uno. En unos pocos años hemos pasado de no tener conciencia sobre el destino e implicaciones de las inversiones a tomar conciencia de ellas, a establecer criterios de dónde sí y dónde no invertir, y hemos comenzado a llenar nuestras estanterías

---

24   https://www.blackrock.com/corporate/investor−relations/larry-fink−annual-chairmans-letter

de filosofías, metodologías y algún que otro invento bienintencionado de medición muy jugosamente puesto en valor por algunos asesores. Hemos pasado de cuidar el medioambiente a ser sostenibles en nuestro día a día y exigir a los demás un compromiso equivalente. Pero el emperador sigue sin llevar nada. Sus ropajes no son tales. Si se invierte en proyectos se sigue invirtiendo porque son rentables, y puede llamarse inversión en infraestructuras sostenibles, parque solar o sistemas de canalización y depuración de aguas. La sostenibilidad no se soporta por sí misma. Necesita un sentido (económico) y precisa que los números avalen su compromiso.

Siendo así tiene sentido nuestro encabezado: sentido y sostenibilidad. El sentimiento es básico y cuando una empresa o un inversor realmente cuentan con esa voluntad de sostenibilidad, sentimiento en pro de lo sostenible, están dispuestos a renunciar a rentabilidad. Y hay casos que son más fáciles que otros. Es fácil renunciar a participar en negocios de armas o de sustancias perjudiciales para la salud, pero ¿cómo planteamos entonces el derecho de los pueblos a defenderse de las agresiones? ¿Renunciamos por completo a los efectos positivos de determinados fármacos por los efectos perjudiciales que provoca su uso inadecuado?

No podía ser tan fácil, y no lo es. No hay aspectos, inversiones o posibilidades blancas o negras. Hay un inconmensurable abanico de grises con el que debemos trabajar. «O yo tengo razón o tú te equivocas», diría algún trapecista del lenguaje tratando de confundirnos. Pero la sostenibilidad es algo más profundo que una mera declaración de intenciones. Es una forma de entender el negocio, de entender las inversiones y dirigirse en la toma de decisiones. Y esto no es nuevo, ni mucho menos. Y es que ya nuestros queridos escolásticos trataron la cuestión. Se preguntaba Luis de Molina en la disputa 398 de su «Tratado sobre los cambios» (1597)[25]: «¿Es lícita la actividad del cambista?». O dicho en términos modernos, ¿es lícita la actividad de

---

25   Molina, Luis; «Tratado sobre los cambios»; Instituto de Estudios Fiscales (1990) coordinada por Francisco Gómez Camacho SJ y traducida del latín por expertos de la Universidad Pontificia Comillas.

mediador financiero? Y apunta tres razones para la existencia de un distinto cambio. Por la naturaleza de las cosas, por el lugar donde están y por el cambio de su valor en el tiempo. Ahí podemos buscar un primer asiento a nuestro sentido. Lo que es, dónde está y cuándo está. Y, sin tratar de agotar la cuestión sobre la materia (ni la paciencia del lector), con ello se puede poner en valor el concepto de sostenibilidad. Hago duradero lo que es y lo que se tiene, en este momento en que vivimos y apreciándolo en su puro y cierto valor. Sentido y sostenibilidad por tanto para un mundo duradero y donde la imagen ceda el papel protagonista al compromiso con una forma de invertir, ser y vivir.

HUMANISMO PARA UNA FORMACIÓN FECUNDA DEL PROFESIONAL (I)

JAVIER BARRACA

Profesor titular de Filosofía en la Universidad Rey Juan Carlos, miembro del Consejo Asesor del Instituto de Oficiales de Cumplimiento (IOC)

La presente meditación se ha gestado en un marco definido: el de mi participación en el seminario interno y permanente de investigación sobre Ética, Responsabilidad Social de la Empresa, Sostenibilidad y Nuevos Modelos de Negocio, promovido desde la Cátedra Iberdrola de Ética Económica y Empresarial de Comillas-ICADE. La causa directa se halla en que en este foro se me proporcionó para la reflexión y el análisis un texto de gran peso y enjundia, en orden a la consideración del valor de las Humanidades en la formación en nuestro tiempo de los futuros profesionales. Se trata del ensayo «Integración cultural: transciencia o convergencia»[26].

Una síntesis personal del texto

El texto aportado constituye un documento valioso que señala en una dirección que estima como necesaria e imprescindible: la cooperación mutua entre las diversas disciplinas o áreas del conocimiento. Esto lo realiza apelando a esta tendencia en el ámbito científico anglosajón y en especial en EE.UU., mencionando diversas experiencias y reflexiones.

Además, cabe subrayar que presenta como modelo de este esfuerzo la inter-relación científica y multidisciplinar denominada STEM (Ciencia, Tecnología, Ingeniería, Matemáticas). Las nociones clave que, a mi juicio,

---

26   «Integración cultural: transciencia o convergencia», Pedro R. García Barreno (MD, PhD, MBA, de la Real Academia de Ciencias y de la Real Academia Española).

maneja para esto son: «Interdisciplinariedad (como encuentro entre varias disciplinas, e IID como investigación interdisciplinar); así como «trans-ciencia» o convergencia (en cuanto un paso aún más lejos en esta dirección; ello, hacia el encuentro en cuyo seno se fusionan ideas y se integran disciplinas, generando una disciplina novedosa, gracias al mestizaje o hibridación entre ciencias especialmente decisivas de cara a afrontar la complejidad y otros desafíos futuros). Finalmente, acude también a la idea de una «Big History» u omniscópica (una megahistoria o historia no de lo humano solo, sino de la vida y del cosmos o universo en su conjunto).

El protagonismo LE corresponde a la realidad y a las personas

A mi juicio, desde una atenta y agradecida consideración del texto mencionado, debe acordarse con él en que las disciplinas o áreas del saber han de encontrarse y fecundarse entre sí, para proyectarnos mejor hacia el futuro. Ello me parece indudable, tal como se constata ya en diversos foros[27] o como anticipara Ortega en su crítica del reduccionismo de la súper-especialización[28].

Ahora bien, el protagonismo de este afán, desde mi propia perspectiva, no puede cifrarse en los métodos o sistemas formativos, ni en los estilos o culturas de las organizaciones e instituciones; ni siquiera en los planes, las estrategias y las políticas culturales o educativas. Debe cifrarse en los sujetos mismos y en su insustituible curiosidad o afán de saber, orientado por su anhelo de buscar y configurar formas fecundas de unidad con la realidad y con los otros.

Así, es cierto, tal como denuncia el texto, que quienes practican lo ínter-disciplinar sufren agudas incomprensiones, pues la híperespecialización y la categorización a menudo se entienden como exclusión o separación y se descalifica a los que combinan saberes, al rechazar estos el querer fracturarlo todo en islas estancas

---

27   *Ciencia transdisciplinar en la nueva era*, AA.VV., editor Edgar Serna M., Medellín, Instituto Antioqueño de Investigación, 2022.

28   Ortega y Gasset, J., *Misión de la Universidad*, Cátedra, Madrid, 2015.

incomunicadas. Por eso hay que fomentar una cultura cada vez más integradora, abierta y flexible. Mas, aun con esto, antes que nada tenemos que captar y advertir otro hecho, un dato decisivo. Se trata de tomar conciencia -tanto los sujetos como las organizaciones- de que verdaderamente el fundamento próximo de ello puede situarse en el necesario afrontamiento de los problemas concretos; o sea, en la vida misma. Sucede de este modo porque la vida y sus problemas o retos, en su concreción, precisan siempre del concurso de perspectivas diversas y, a la par, integradas. Ello de cara a su mejor comprensión y solución.

Ahora bien, lo anterior -el enfoque al problema determinado- requiere formar o educar en un cuerpo integrado de materias, intereses y aspectos. ¿Por qué? Pues, ante todo, a causa de los distintos aspectos o dimensiones que convergen y se entrelazan en cada realidad que nos desafía, en cuanto reto o cuestión complejos que hemos de enfrentar o incluso resolver. No hay enfermedades, sino enfermos, repite la medicina humanista, practicada por médicos a su vez humanistas, capaces de enfocarse desde esa base a la persona concreta, como enseñó Marañón[29]; pues, parafraseando esta certera máxima, cabe reconocer que no hay tanto temas o materias en abstracto que dilucidar, sino preguntas, situaciones y encrucijadas vitales, existenciales, que surgen en lo cotidiano, en un tiempo y espacios concretos, y que se plantean a sujetos reales y definidos, no puras entelequias o disciplinas genéricas. La experiencia del trabajo profesional y organizativo corrobora esta aseveración.

Más allá del modelo STEM

A causa de lo anterior, no debe reducirse este esfuerzo en favor del humanismo solo al modelo formativo STEM. También, hay que introducir en este plexo áreas como las artes, la psicología, el derecho y todo lo vinculado al lenguaje…, pues fecundan o fertilizan estas convergencias. Quien esto escribe, por brindar simplemente una muestra, se halla integrado en un grupo investigador rotulado como de «Bio-estética»,

---

29   *Vocación y ética y otros ensayos*, Marañón, G., Espasa, Madrid, 1982.

en el que se promueve el valor de la vida junto al de la salud a través de lo estético, del arte y de la belleza. Ahora bien, el fundamento de esto no se limita a lo superficial o epidérmico de unas posibles relaciones ocasionales entre áreas. Obedece en cambio a que, en lo más hondo, lo estético tiene que ver con lo lúdico y, en su significado más profundo, con lo creativo, con lo gratuito, con el humanismo del don.

En busca de la unidad de la vida

Todo lo precedente nos conduce a reconocer una evidencia en la formación integral, incluida la que se proyecta sobre la esfera de lo laboral: y es que hay que superar de una vez la escisión entre las Letras o Humanidades y las Ciencias empírico-matemáticas. Para esto, la Universidad y otros entornos de enseñanza –como el organizacional y el de la formación continua– representan los ámbitos por excelencia donde procurarlo. De hecho, a este respecto, aquí deseamos destacar la oportunidad extraordinaria que ofrecen en todo ello la empresa y el mundo del trabajo o la profesión, pues estos demandan natural y diariamente un compromiso efectivo y *de facto* con lo humano y el humanismo. No la desaprovechemos con la obsesión de dividirlo todo en compartimentos o cajones estancos. López Quintás ha insistido en el carácter «relacional» de todo lo real, y ante todo del mismo ser humano, quien está hecho y llamado, desde su génesis, para la relación y el encuentro[30]. Esto, por supuesto, también sucede en el seno de lo profesional, donde establecer una adecuada relación con cuanto nos rodea y acertar a vincularnos con los otros resulta una cuestión «vital» (como muestran la teoría de los *stakeholders* o la concepción sistémica de la empresa, por ejemplo). Y, en cualquier caso, lo queramos o no, la realidad y las personas escaparán al cabo siempre, como la propia vida organizativa y laboral, una y otra vez a esos estériles esquematismos, a esas rigideces abusivas que en su afán de separar y aislar los diferentes elementos no hacen más que esclerotizarlo todo.

---

30 *Estética de la creatividad*, A. López Quintás, Rialp, Madrid, 1998.

HUMANISMO PARA UNA FORMACIÓN FECUNDA DEL PROFESIONAL (II)

JAVIER BARRACA

Profesor titular de Filosofía en la Universidad Rey Juan Carlos, miembro del Consejo Asesor del Instituto de Oficiales de Cumplimiento (IOC)

Conviene advertir que la actual necesidad de unir saberes, de cara a la formación y en general a la vida profesional, aun intensificada hoy, como insisten en denunciar clarividentes textos, no es nueva[31]. A su paso salió ya lo mejor del humanismo antiguo (no solo el simbolizado con la etiqueta de «Leonardo»). Por eso se tiene que reconocer siempre con gratitud el hallarse este humanismo en el origen de todo progreso civilizatorio. En especial cabe recuperar experiencias históricas como la maduración filosófico-científica greco-latina, el patrimonio sapiencial universal, el espíritu nativo de la universidad, la monástica recuperación del *trivium* y el *cuadrivium*, el renacentista impulso humanista y de la Escuela de Salamanca en su defensa de la dignidad inmarcesible de la persona más allá de su diversidad étnica o de cualquiera otra clase, etc. También, más recientemente, Ortega aludió a los excesos esterilizantes de la especialización -el saber cada vez más de cada vez menos, hasta llegar a saberlo todo de nada-, y a la necesidad de superarlos con la cultura (ver su Misión de la Universidad[32]).

---

31   Como, por ejemplo: «*Integración cultural: transciencia o convergencia*», Pedro R. García Barreno (MD, PhD, MBA, de la Real Academia de Ciencias y de la Real Academia Española).

32   Ortega y Gasset, J., *Misión de la Universidad*, Cátedra, Madrid, 2015.

Sobre nuevos términos en el humanismo formativo

En el contexto de la defensa de un humanismo renovado, en la formación actual, se manejan términos aparentemente novedosos, cuyo alcance conviene discernir. Este es el caso del vocablo «transdisciplinariedad» (voz cada vez más difundida; ver: Ciencia transdisciplinar en la nueva era[33]). A este se suma, en ocasiones, el de «trans-ciencia». Ahora bien, no está de más convenir en que constituyen vocablos que pueden resultar confusos. Esto, debido ya al prefijo que incorporan, pues por «trans» suele entenderse lo que viene de un lugar y va a otro, o bien no una nueva disciplina sino una materia cuyo valor e interés «atraviesa» distintos campos simultáneamente y se halla presente en todos ellos, no limitándose así a uno solo. Por ejemplo, se dice que hay valores trans-disciplinares y trans-versales. Esta idea nuclear sí representa un nexo o punto cardinal: existen, en efecto, valores y principios axiomáticos de un enorme fruto, hondamente vinculados a lo humano, que están presentes en cuanto los sujetos humanos vivimos y a los que por ello no se debe dar la espalda o excluir más allá de su aparente utilidad inmediata.

Las raíces más hondas del humanismo

A pesar de parte de lo apuntado hasta aquí, este es el momento probablemente de dar un paso adelante y procurar que dicho paso esté dotado de un cierto alcance crítico. En este sentido, cabe llamar la atención acerca del hecho de que el fundamento más hondo del encuentro interdisciplinar y del mismo árbol de los saberes no está meramente en los problemas, en los retos concretos y particulares de la vida individual y organizativa. Este, en el fondo, en su más profundo significado posee una raíz de tipo ontológica, metafísica si se quiere, o también de filosofía primera o fundamental. Así, se encuentra fundado en la realidad misma y en su estructura última o más íntima, en el sentido de Zubiri y Cendillo. Ortega enseñó a este propósito que es

---

33 *Ciencia transdisciplinar en la nueva era*, AA.VV., editor Edgar Serna M., Medellín, Instituto Antioqueño de Investigación, 2022.

precisamente la filosofía el tipo de conocer, reflexivo y crítico, capaz de operar la síntesis o visión global y de conjunto que logra adentrarse en esta complejidad y descifrar esta unidad en la diversidad de nuestro mundo[34]. Esto, como no podía ser de otro modo, ya que esta *realitas* es la que resulta en sí genuina y germinalmente siempre multi-aspectual.

En definitiva, la propia naturaleza o esencia de lo real y de la persona o comunidad es lo que reclama la integración de lo multidisciplinar. Lo real presenta, inevitablemente, aspectos múltiples, dimensiones diversas, elementos distintos. Luego, ya en un momento segundo, este hecho se proyecta y acontece en forma de problemas o situaciones particulares, sea en el trabajo, la empresa o lo organizativo. Los juristas conocen esto muy bien por propia experiencia: detrás de cada caso y situación vital a estudiar se encuentran siempre las personas y sus contextos o realidades, estrechamente entretejidos. Por eso, estos requieren, para su esclarecimiento completo, de la cooperación de expertos de distintos terrenos, como los del Derecho, claro está; pero también de psicólogos, sociólogos, economistas, criminólogos, peritos en mil campos diferentes, etc.

De la síntesis de los saberes a la de la persona

Quizás, entonces, dado lo expuesto, lo que necesitemos hoy de cara al porvenir no consista tanto en la mera asociación de información, conocimientos o áreas de estudios formativos. Esto sin duda habrá de procurarse, y ello sobre el fondo de unas humanidades que entrelacen lo que de suyo ya se halla ligado. Pero, más bien y ante todo, se trata de contar con personas, con sujetos humanistas concretos, de carne y hueso. Son estos quienes realizarán y protagonizarán la unidad humanista de los saberes, tanto fuera como dentro de las organizaciones.

---

34   *Qué es filosofía*, J. Ortega y Gasset, Espasa, Barcelona, 2012.

Lo precedente nos indica que otra clave decisiva para lograr este humanismo, a fin de cultivar estos encuentros, reside en frecuentar formativa o educativamente «modelos o ejemplos personales determinados». Así, lo que ahora sugerimos estriba en la necesidad del convivir con sujetos o grupos humanos reales que desarrollen estos encuentros profundos e interdisciplinares. Son, en fin, nuestras experiencias de encuentros ínter-humanos lo más humanista que cabe emprender, y son esos encuentros personalísimos los que pueden enseñarnos e iluminar el camino a este propósito, gracias al testimonio de lo que hemos vivido y de su fruto en nosotros. Por ejemplo, en mi personal caso, el interés por una formación completa, humanista e integradora nació dentro de mí a través del trato con mi propio padre, quien era a la par ingeniero y humanista, lector, escritor, amante y entendido del arte, etc. Esta experiencia familiar se vio reforzada años después por medio de mi relación con el profesor López Quintás - filósofo, pedagogo, músico, filólogo, traductor, etc.-, o con mi admirado amigo Pedro Ridruejo –médico, psicólogo, filósofo, jurista, sociólogo, etc.- quien obtuvo numerosos doctorados y licenciaturas.

De este modo, seguramente, conviene también insistir en testimonios reales célebres, como los ofrecidos por Ramón y Cajal con su dibujar y pintar las neuronas, o el del descubrimiento de la estructura en doble hélice del ADN gracias a un sueño de dos investigadores concretos (Watson y Crick), o el del seminario de estética que influyó en las innovaciones tecnológicas promovidas en Apple por Steve Jobs, o en la importancia de los diseñadores y expertos en estética jugada de cara al desarrollo de realidades y entornos como Windows, etc. Mas esto comporta en definitiva el que hay que acercar, aproximar, personas concretas a los sujetos o equipos que se quiere hacer crecer en este humanismo.

Para avanzar en la senda señalada habría que subrayar el singular valor en esto de lo ético. Sin ética no hay cooperación ni aprendizaje, ni humanismo auténtico. Esto es, no hay humanidades que valgan sin valores en las personas y equipos, valores tales como la humildad, la responsabilidad, la solidaridad, la generosidad, etc. Marañón, gran humanista ínter-disciplinar, da las pautas más fértiles en este desarrollo integrador: la vocación y la ética[35]. La propia vocación o ideal de realización supone el impulso que nos lanza al encuentro de lo diferente, a explorar, descubrir, inventar, crear...

A este respecto conviene advertir que falta destacar el enorme valor de lo filosófico, de lo reflexivo, en cuanto a visión global o de conjunto y cauce integrador del conocer hacia un sentido u horizonte unificador. Es decir, desde luego lo filosófico posee un tenor sintético que «armoniza» los saberes en torno al eje de lo humano en su mejor alcance. Ya Ortega define a la filosofía con este rasgo, entre otros, en *Qué es filosofía*[36].

Esto aconseja, sin duda, recuperar la tradición formativa de la lectura, en especial la de los grandes libros. Y con ella el hábito sano del debate, que se reactivó en el marco anglosajón en cierto momento y que hoy debe hallarse presente en los diversos foros y programas de liderazgo.

Hacia el humanismo de la creatividad

Por último, también es importante para el logro del verdadero humanismo el cultivo o desarrollo de una cualidad personal y organizativa muy ligada a nuestra originalidad y a la libertad. Me refiero al tesoro incomparable de la humana «creatividad», seña auténticamente distintiva de lo humano. En torno a ella ha polarizado toda su labor formativa y humanista A. López Quintás (en especial, en cuanto al aspecto «relacional» e inter–humano de dicha creatividad[37]).

La centralidad de lo creativo no solo puede apreciarse al comparar el desarrollo humano con el de otros animales, sino incluso hoy más que nunca gracias al paralelismo que se establece con respecto a realidades tales como la información automatizada, los sistemas que aprenden y la misma IA. En definitiva, el humanismo reclama potenciar nuestra

---

35   *Vocación y ética y otros ensayos*, Marañón, G., Espasa, Madrid, 1982.
36   Qué es filosofía, J. Ortega y Gasset, cit.
37   *Estética de la creatividad*, A. López Quintás, Rialp, Madrid, 1998.

creatividad, personal y grupal, así como formar-entrenar explícitamente en esta mediante el trabajo en equipo. Para ello, algunas palancas que aquí recordamos son el diálogo y la escucha del otro, el voluntariado social en grupo, la práctica de la dimensión estética o artística personal y grupal, etc.

Terminamos con una propuesta, ligada a lo precedente que acaso parezca sorprendente o excéntrica, pero que no deseamos omitir. No es otra que la de organizar actividades creativas e incluso certámenes en nuestras instituciones en los que se premie la imaginación y la fantasía. El humanismo del futuro va en efecto a demandarnos nuevos cauces y retadoras cualidades. Piénsese a este respecto en un campo dinamizador de la innovación tan sugestivo como el cultivo del relato, de la escritura, del vídeo y el cine, del tratamiento creativo de la imagen digitalizada. Hasta la innovación tecnológica se ha enriquecido ya, y se enriquece, con experiencias tan fecundas como la familiarización con el mundo de la ciencia-ficción en sus diversas formas.

En síntesis: si queremos un humanismo con futuro no olvidemos el fomento de actividades que ayuden a desarrollar nuestra siempre inquieta y exploradora creatividad. Ello coadyuvará a nuestro necesario anticipar de escenarios futuros y a engendrar ideas novedosas. En torno a tales ideas y experiencias nos reencontraremos con nuestro mejor y más propio ser: el de sujetos y comunidades humanas en busca de plenitud, fecundidad y sentido.

LO HUMANO AHORA CARECE DE SIGNIFICADO

JUAN BENAVIDES DELGADO

Catedrático emérito de Comunicación de la Universidad
Complutense de Madrid

Son muchos los autores que actualmente se ocupan de los medios y los problemas de las nuevas tecnologías. Son muchas las opiniones y algunos de ellos echan la culpa a la mediatización que se ha producido en la vida social. Por ejemplo, J. Pérez Tornero comenta en un reciente e interesante texto que la mediatización está transformando profundamente el escenario sociotecnológico y mediático y los ámbitos clave de nuestro sistema social: la «conversación personal» y la «conversación pública». No es una idea realmente nueva pero, a mi modo de ver, tiene razón cuando afirma que durante décadas se ha construido un ecosistema mediático que impide incluso el intercambio transparente de la información y que encierra a la persona en una especie de burbuja mediática con tintes narcisistas.

A mi modo de ver, lo más importante del problema no se resuelve con una humanización de ese supuesto sistema, que en todo caso, habría que definir. Lo verdaderamente grave es no tener una conciencia clara de la naturaleza de la crisis que está sufriendo la sociedad moderna y la necesidad de atender debidamente a los retos que aparecen y cuestionan el hecho mismo del humanismo que hemos heredado. Un primer motivo de esta crisis es que nos hemos quedado sin un lenguaje público, capaz de comprender lo que exigen los retos que se nos presentan, tanto en el plano de lo antiguo como de lo nuevo. De este aspecto ya me he ocupado en mi anterior artículo[38]. Pero ahora hay un segundo motivo, que me gustaría comentar: el modo de comprender

---

38   Ver,   https://diarioresponsable.com/opinion/34987–nuevo–humanismo–o–profunda–crisis

la propia percepción mediática y el uso tecnológico que hacemos cada uno de nosotros. Sin duda, Occidente se ha volcado en exceso en la tecnología y la ciencia, pero olvidando lo que nosotros mismos somos y hemos aprendido en el modo de vivir. Tenía mucha razón G. Jung cuando comentaba que si el hombre erróneo usa el medio correcto, el medio correcto actúa erróneamente[39]. Hemos heredado un humanismo de siglos, que se ha mezclado con un proceso casi de sacralización del sujeto individual y del producto científico entendido exclusivamente como método instrumental. Por ello, en este segundo artículo es obligado reflexionar sobre una cuestión que engloba y se extiende muy por encima del conjunto de los problemas; ya he hablado de lenguaje, ahora toca hablar de los populismos y los nuevos mitos que parecen haberse creado en la propia crisis de la modernidad.

Me parece que es obligado recoger algunas reflexiones de F. Revel sobre la sociedad de la información y el papel de la política[40]; algunas se escribieron hace años, pero siguen teniendo una rabiosa actualidad. Revel plantea la información, incluso la información de la ciencia, desde su exclusiva metodología y planteamientos supuestamente racionales. Por eso sus exigencias reducen, inevitablemente, la información a aspectos y contenidos del todo incompletos. A mi juicio, sus conclusiones conducen a comprender la información como algo alejado de las exigencias de un conocimiento más profundo y amplio, y, por ende y como consecuencia, lo que expresan los medios y recibimos los ciudadanos está mediado por la probabilidad y, en el fondo, por una enorme falta de precisión y racionalidad. Se desconoce el destino de la información porque la pluralidad de objetivos es tan grande que realmente lo que produce la información en su pluralidad son equívocos más que la verdad sobre algo. Por ello la información supone un trampantojo representativo de cosas que normalmente no se expresan ni se definen.

Revel es pesimista con la información de los medios y concluye que siempre el verdadero enemigo del hombre está en su interior, pero este cada vez más está dejando de ser porque antaño le rodeaba la

---

39   G. Jung *El secreto de la flor de oro*, Paidós, Buenos Aires, 1955, p. 25.

40   Jean-François Revel, *El conocimiento inútil*. Página indómita. Barcelona 2022.

ignorancia y hoy es la mentira. Para él, la mentira es simple, voluntaria y conscientemente empleada como medio de acción. La mentira es una práctica común en la esfera de la política, los partidos, los sindicatos, las Administraciones, los centros del poder y los propios ciudadanos. Las cifras y los datos, que falsean los hechos, Revel los define con el ejemplo del uso del tabú en la información, y que permite reducir la 8ikinoticia de forma repetitiva a cuatro ideas y poco más, es decir reducir el múltiplo a la unidad, la parte con el todo[41]. Pero en la actualidad, y con la ayuda de la tecnología, esta situación se ha multiplicado exponencialmente.

Sin duda, este es el caldo de cultivo que ha utilizado el populismo político en España y en la propia Europa, introduciendo una nueva forma de argumentar ideológicamente la realidad. En efecto, a mi modo de ver el populismo político privado de programa reconstruye ideológicamente la realidad. Nada más peligroso. Por ejemplo, la Izquierda española, gracias a un supuesto peligro fascista -que en Europa y en España ya no existe- construye el universo maniqueo que necesita. Por ello ya no preocupa la información veraz sino lo que afecta a los intereses, creencias y deseos, aunque estos sean inadecuados, falsos e incluso caprichosos. Este proceso se introduce con facilidad en una vida pública donde la ideología se antepone a la información y a la verdad de lo que sucede, porque la ideología es una herramienta de muy fácil uso: sabe retener los hechos favorables a las tesis que mantiene, suprime el criterio de eficacia y fabrica explicaciones que justifican sus propios fracasos[42]. Hasta aquí las reflexiones de Revel.

Esto es lo que sucede en la actualidad política de España y podemos incluso observarlo en no pocas reflexiones aplicadas a las relaciones internacionales. Con la falta de un lenguaje adecuado, la ideología reduce el valor a la norma y esta vacía de significado los principios, porque los reduce a cuatro frases hechas sin argumento y desarrollo. Este proceso explica no solo la pérdida del lenguaje, sino algo todavía más grave: la desaparición de un conocimiento abarcador que permita a las personas fundamentar y comprender con significado y sentido lo que ellas son y lo que sucede en su entorno. A costa de destruir

---

41   Ibid., p. 29, 36, 37, 96–97, 103, etc.
42   Ibid., p. 207.

unos mal considerados mitos hemos construido otros nuevos que, de acuerdo a unos autores, han licuado la realidad que nos rodea y, para otros estudiosos, la han vaciado de aquellos significados que el hombre había utilizado como cimientos del sentido de su historia[43].

Partiendo de lo que acabo de decir, no quiero dejar de comentar el trabajo de G. Steiner, para quien el supuesto progreso ha desechado viejos mitos, pero ha construido otros nuevos[44]. En opinión de Steiner se han producido en Occidente nuevas mitologías en sustitución de las religiones tradicionales, especialmente el cristianismo, con muchas semejanzas a las teologías que pretenden sustituir. Para este autor, la actualidad padece hambre de mitos y se anhelan nuevas profecías con garantías[45]. Para Steiner existen los orígenes de estas mitologías y, especialmente, su finalidad y objetivos significativos, que podemos resumir en tres fundamentales: la alienación (la persona vive alienada y debe reaccionar contra los enemigos que la subyugan), la represión (la persona vive oprimida por una autoridad deslegitimada) y las nuevas culturas (enfoques sistémicos que se institucionalizan y conforman nuevos sistemas educativos).

En mi opinión, si es cierto esto de la represión y la alienación, es decir, si es cierto que el hombre moderno se ha dado cuenta de que vive alienado y reprimido, lo que debe hacer, quizá, es construir una cultura de la ruptura y la libertad, donde la igualdad entre todos proporcione la felicidad social añorada por el hombre desde hace siglos. Los nuevos derechos vendrían determinados por los intereses y deseos libres y personales de cada cual y siempre en situación permanente de cambio. Esto no es nada nuevo; es el primer paso que puede explicar la ausencia de sentido que actualmente padecemos.

Por un lado, la modernidad ha creído, equivocadamente, superar errores antiguos y, por otro lado, desde el nuevo concepto de sujeto -construido desde Descartes-, hemos ido perdiendo los cimientos de nuestra propia construcción de lo humano. Por eso mismo quizá Steiner

---

43 Por ejemplo, la obra de S. Bauman, *Vida líquida* (2016), Paidós, Barcelona< 2016, pp. 74–76.
44 Ver George Steiner, *Nostalgia del absoluto* (1971), Ed. Siruela, Madrid 2014
45 G. Steiner, ibi., pp. 14–19 y 22.

considera que las nuevas mitologías han fracasado porque no tienen cimientos; han dejado a la sociedad sin el sentido que otorgaba, entre otros contenidos, la religión y la percepción de lo absoluto. Lo único que la sociedad ha podido hacer -se me ocurre añadir- es reducir todo a un lenguaje vacío de significado y dar a la tecnología todo el alimento posible en la búsqueda de un sustituto. Precisamente esta situación de desamparo conduce a lo que Steiner define, con cierta ironía, como la existencia de los hombrecillos verdes[46], que ayudan al hombre a refugiarse en la astrología, el ocultismo, el orientalismo, etc.; reductos, entre otros, donde el ser humano convive con la nostalgia de lo absoluto. Pero la verdad profunda de la cuestión es que lo humano se ha quedado sin significado. El hombre, lo humano, se ha quedado solo con un gran significante vaciado de todo sentido. Lo decía muy acertadamente H. Arendt cuando comentaba que los valores son productos sociales sin significado propio; son como productos en la actividad cambiante. Los valores son objetos de cambio. El «bien» pierde su carácter de idea, se ha convertido en un valor intercambiable. La devaluación de todos los valores[47].

Estas definiciones así planteadas y frente a ese contexto del supuesto vacío que padecemos me obligan a recurrir nuevamente a la pregunta sobre la verdad de lo humano. Porque, en efecto, pertenece a la dignidad de nuestra especie ir tras la verdad de forma ideológicamente desinteresada y reconstruir su propio lenguaje mirando hacia atrás y no solo hacia delante. Frente al transhumanismo -que es un reto indudable e importante, pero nada más-, la verdad del hombre es algo mucho más complejo e incluso algo ajeno a las propias ofertas de la tecnología. Se necesita comprender mejor la actual dimensión de nuestra crisis, los contenidos de nuestros errores cometidos, en qué consisten, y la necesidad de reflexionar con cuidado sobre la naturaleza de los retos que se presentan con la tecnología y sus primeras consecuencias. De eso hablaremos en próximos artículos.

---

46   G. Steiner, ibid., ibid., pp.87-109. También, pp. 119, 121, etc.
47   Hannah Arendt, *Entre el pasado y el futuro*, (2016) Península, Barcelona 2016, p. 55. También, pp. 303-346.

EL DESAFÍO BIOÉTICO DE LA MEJORA COGNITIVA: REFLEXIONES FILOSÓFICAS PARA UN POSTHUMANISMO RESPONSABLE

JOAQUÍN FERNÁNDEZ MATEO

Profesor del área de Filosofía de la Facultad de Ciencias Jurídicas y Sociales de la Universidad Rey Juan Carlos

El posthumanismo tecnológico puede entenderse como la continuación del moderno proyecto ilustrado por otros medios. Las tecnociencias son el producto de la razón humana para transformar y mejorar el mundo. Si el humanismo ilustrado buscaba transformar el mundo con un proyecto filosófico y cultural, el posthumanismo tecnológico encuentra en la confluencia de ciencia y tecnología un aliado mucho más poderoso.

El desafío bioético de la mejora cognitiva: reflexiones filosóficas para un posthumanismo responsable

La ciencia se aleja de su comprensión como simple teoría o representación de lo real. Ciencia y técnica constituyen una unidad de propósito y acción. Técnica –las habilidades que permiten el uso de los artefactos–, máquinas –los medios, herramientas y artefactos construidos por el ingenio humano–, y tecnología –la organización de artefactos, conocimientos y habilidades en una compleja estructura– constituyen la triple hélice que permite el desarrollo de las tecnociencias. Como resultado, la dimensión aplicada de la ciencia tiene en el ser humano un escenario de transformación y mejoramiento.

El materialismo metodológico y sus límites teóricos

Un objeto de aplicación de las tecnociencias es la mente humana. La semejanza entre el cerebro humano y los ordenadores «ha inspirado a científicos e ingenieros a reflexionar sobre el funcionamiento del cerebro humano y la posible generación de mentes artificiales»[48]. Si comprendiéramos la mente humana como una suerte de *software*, este podría actualizarse y, por tanto, mejorarse, adquiriendo nuevas capacidades de manera artificial. Sin embargo es extensa la literatura que descarta esa posibilidad:

«Tanto Lucas (1961) —por razones ligadas al Teorema de Gödel— como Dreyfus (1972) —por entender que el cerebro humano no es una máquina biológica que procesa información con algún tipo de interruptor biológico de encendido y apagado— han defendido el carácter irreductiblemente no computable del pensamiento humano. El ser humano es una inteligencia encarnada y situada que no opera con reglas formales [...]. Lucas y Penrose utilizaron en el Teorema de Gödel para refutar el mecanicismo, el computacionalismo y la posibilidad de crear una IA capaz de simular o duplicar la mente humana. Continuamos la línea que defiende que la mente humana no es una máquina de Turing y, en consecuencia, «el proyecto de la IA de crear mentes artificiales equivalentes a las naturales (humanas) sería un espejismo» (Gherab, 2022, p. 193)».[49]

Pero tratemos de comprender el origen histórico de los argumentos más optimistas para poder entender —o descartar con mayor autoridad— su posibilidad. En el siglo XVIII, Julien de La Mettrie (1709-1751) planteó la idea de que la actividad del cuerpo humano no se originaba en un principio interno o en una sustancia inmaterial, sino en la estructura física y en la organización funcional de la materia. Según él, todas las actividades mentales surgían de aspectos materiales. La Mettrie defendía que las funciones psíquicas eran idénticas a los

---

48   Fernández Mateo, J. (2023). *Artificial Reality: Exploring the Potential Threats of Artificial Intelligence*. VISUAL REVIEW. International Visual Culture Review / Revista Internacional de Cultura Visual, 9(2), 235–247. https://doi.org/10.37467/revvisual.v9.5004139
49   Ibíd.

estados corporales y cerebrales, una opinión ampliamente aceptada en la actualidad por los neurocientíficos monistas materialistas.

El materialismo metodológico define el objeto de la atención científica: la física, la química, la electricidad o los sistemas de neuronas. El difícil problema de la conciencia plantea un desafío para los intentos materialistas de comprender la aparición de la conciencia a partir de procesos puramente físicos. ¿Cómo emergen las experiencias subjetivas a partir de la actividad neuronal? ¿Cómo se relaciona la conciencia con los procesos cerebrales? ¿Qué papel juega la integración de la información en la generación de la conciencia? ¿Existe una explicación puramente física para la fenomenología consciente? ¿Es posible reducir la conciencia a procesos neuronales?

Estas preguntas reflejan la complejidad que enfrentan los enfoques materialistas al abordar el problema duro de la conciencia. Aunque se han propuesto diversas teorías y enfoques, la comprensión completa de la naturaleza de la conciencia y la mente sigue siendo un desafío pendiente en la investigación científica.

Las teorías sobre la conciencia artificial

Son bastantes los textos que defienden el posible desarrollo de una conciencia artificial. Según el enfoque computacional —el punto de vista dominante en la ciencia cognitiva—, la conciencia artificial no solo es posible, sino que es probable que se produzca en el futuro. Los enfoques físico y biológico predicen que la conciencia artificial estará mucho menos extendida. Desglosemos estos argumentos.

El enfoque computacional se abstrae de los detalles específicos de implementación de un sistema cognitivo. El material en el que se implemente una mente puede ser cualquiera, carbono o silicio. Por ello se centra en un nivel de análisis superior: los cálculos, algoritmos o programas que ejecuta un sistema cognitivo para generar su comportamiento. Otra forma de decirlo es que se centra en el *software* que ejecuta un sistema. De hecho, bajo este esquema la identidad es un determinado patrón de información, y si este pudiera reproducirse en un dispositivo artificial podría conservarse la identidad personal.

Entramos en los argumentos que defienden la «inmortalidad digital». No somos objetos físicos ordinarios: nuestras mentes serían programas. Por tanto, si se escaneara el cerebro y el producto escaneado «copiara» la configuración neuronal —es decir, el «programa» o «patrón de información»— la identidad personal podría sobrevivir, nos dice esta teoría. Si sobrevive el patrón de información, sobrevive la identidad.

Por otra parte, si pudiéramos acceder al *software* de la mente humana —mediante algún tipo de interfaz cerebro-ordenador—, podríamos ampliarla o mejorarla como si se tratara de un programa informático. Pensemos en la utilidad médica de este tipo de implantes. Pero también en sus riesgos desde el punto de vista de la bioético.

El enfoque computacional sugiere que, si las entidades artificiales implementan ciertos cálculos, serán conscientes. Pero son muchos los que se oponen a dicha perspectiva. El propio enfoque físico de la conciencia —que se centra en el *hardware* de un sistema más que en su *software*— defiende que el grado de consciencia de un sistema depende de su grado de información integrada[50]. Pero el *hardware* de los ordenadores digitales actuales tiene muy poca información integrada, por lo que no podrían ser conscientes, independientemente del sistema cognitivo que implementen a nivel de *software*.

A más abundamiento, el enfoque biológico defiende que una inteligencia consciente requiere de una serie de condiciones biológicas para su aparición. Sería muy difícil tener un sistema consciente que no sea físicamente muy similar al cerebro biológico[51].

50   Koch, C. (2019). *The Feeling of Life Itself: Why Consciousness is Widespread but Can't be Computed*. MIT Press.
51   Godfrey-Smith, P. (2020). *Metazoa: Animal Life and the Birth of the Mind*. Farrar, Straus and Giroux.

Conclusiones

Este texto ha desarrollado un breve bosquejo de las principales ideas sobre algunos de los problemas a los que se enfrenta la humanidad en el siglo XXI. Las tecnociencias se han convertido en una triple hélice que involucra técnicas, máquinas y tecnología para impulsar el desarrollo humano. En este contexto, la mente humana es uno de los objetos de aplicación de las tecnociencias. Se abre la posibilidad de generar mentes artificiales o mentes naturales mejoradas artificialmente.

Sin embargo, existe una extensa literatura que descarta esta posibilidad, argumentando que el pensamiento humano es irreductiblemente no computable y que la mente humana no puede ser replicada, como si de un simple patrón de información se tratara.

A pesar de los avances tecnológicos, la complejidad de la mente humana sigue siendo un desafío que trasciende las posibilidades de la tecnología actual, siendo objeto de profundos debates filosóficos de naturaleza metafísica. Mientras se dilucida este escenario —y se exploran las posibilidades de acceder al «*software* de la mente humana» a través de interfaces cerebro-ordenador— es necesario considerar cuidadosamente las consecuencias y peligros de naturaleza bioética que podrían surgir.

La capacidad de ampliar o mejorar el «*software de la mente*» plantea cuestiones éticas profundas en cuanto a la integridad y la autonomía de las personas. Si se desarrollaran de forma segura las mencionadas interfaces cerebro-ordenador, estas podrían ayudar a muchas personas con discapacidades motoras a recuperar o mejorar su movilidad. Sin embargo, es importante tener en cuenta los riesgos asociados, tanto en términos de seguridad y eficacia de los implantes, como en lo que respecta a la invasión de la privacidad y la potencial manipulación de la mente humana.

¿Qué implicaciones tendría el acceso y la modificación del *software* de la mente en términos de privacidad y seguridad de los datos mentales? ¿Cómo se aseguraría el consentimiento libre e informado de los individuos que opten por someterse a estas intervenciones? ¿Existe el riesgo de una nueva brecha socioeconómica, donde solo aquellos con recursos puedan acceder a estas tecnologías, creando así una desigualdad mayor con en el mejoramiento cognitivo?

HUMANISMO ORGÁNICO EN EL SIGLO XXI (I)

JOSÉ MANUEL VÁZQUEZ DÍEZ

Psicólogo y director de la Escuela de formación en Yoga Orgánico

L as empresas y las instituciones académicas, como las personas, se estructuran y alinean con fines concretos vinculados a contextos cada vez más globalizados, tecnológicos y cambiantes. Aunque las inteligencias digitales pulsan definitivamente por dirigir los procesos de cambio en todo el planeta, son algunas «inteligencias orgánicas privilegiadas» las que deciden, guiadas por las leyes del mercado, el curso de la economía, la educación y la salud de la población. ¿Es lícito que unos pocos líderes tecnológicos no electos tomen decisiones para el conjunto de la humanidad? ¿Es posible que estén tomando decisiones equivocadas? ¿Podemos hacer algo al respecto?

La rentabilidad de la máquina podría hacer convertido al humano en un «mal» necesario y transitorio en la cadena de producción. Se gestiona el conocimiento con más tecnología, las multinacionales implementan planes de responsabilidad social para cumplir con la ley, y cada uno intenta sobrevivir al tsunami del «gran reseteo» acelerado del 2020, como puede. La cuarta Revolución industrial llegó, aséptica y perfectamente programada. Mientras, el mercado de valores, las redes sociales y los medios de comunicación están siendo dirigidos por algoritmos. La agenda 2030 de Naciones Unidas es solo la mitad de esta historia (1).

El 29 marzo de 2023, el Centro para el Estudio del Riesgo Existencial Future of Life Institute dirigido por Jaan Tallinn (cofundador de Skype) propuso una moratoria de seis meses en el desarrollo de las IA, que ha sido firmada a 13 de agosto de 2023 por 33.002 expertos del sector (2); entre otros, Steve Wozniak (cofundador de Apple), Sam Altman (director de Open AI), Elon Musk (fundador de Space X y Tesla), Emad Mostaque (director de Stability AI), Julien Billot (Scale IA), Louis

Rosenberg (Unanimous AI), Yuval Noah Hariri (historiador), Gary Markus (profesor emérito de la Universidad de Nueva York), Danielle Allen (Universidad de Harvard), Stuart Russell (Universidad de Berkeley), Yoshua Bengio (Universidad de Montreal), etc.. La iniciativa Future of Life Institute no solo estudia los riesgos de la IA y la automatización del planeta, sino también de la biotecnología, las armas nucleares y el cambio climático. No tienen reparos en confirmar que las IA han superado a sus creadores, han cobrado autonomía y representan una «perturbación dramática» para la democracia. Anuncian públicamente que podríamos estar perdiendo el control de nuestra civilización y que se hace urgente implementar protocolos de seguridad que sean auditados y supervisados por expertos independientes. ¿Cómo hemos llegado hasta aquí?

¿A qué llamamos progreso? Con la Revolución industrial llegaron la contaminación, las máquinas y sus prodigios. Hipnotizados por su creciente poder y sus nunca vistas comodidades fuimos adaptando nuestros cuerpos a las máquinas. Nos fuimos mecanizando. Nuestros procesos mentales se fueron automatizando en su adaptación al nuevo medio. El futurismo se apropió del arte. El ruido sincopado de las máquinas ahogó los sonidos curativos del bosque. La belleza eterna del acero no podía compararse con la efímera de los cuerpos imperfectos. El ser humano se hacía pequeño ante las nuevas catedrales de hormigón. La robótica se fue cosméticamente humanizando y ha ido desplazando al humanismo. El ser humano inhabilitado fue perdiendo la fe en sus propios recursos y ha ido haciendo de la enfermedad su condición. El humanismo se convirtió en transhumanismo, la solución a sus problemas. Pero ¿a qué precio? ¿Sometimiento, dolor, olvido, extinción? El posthumano es un cíborg humanoide, un eco virtual de lo que fuimos. No representa la culminación ni lo mejor del ser humano, sino su fin.

Me cuesta creer que el futuro del hombre quede reducido a la manipulación de sus redes neuronales y al control absoluto de sus procesos vitales. El miedo a la enfermedad se ha instalado en lo más profundo de la psique. ¿Qué hemos hecho hasta ahora con la naturaleza y el mundo material? ¿Será momento de recoger lo que hemos sembrado? ¿Quizás pensamos que nunca más nos tocaría a nosotros? ¿Hemos vuelto a ser reconvertidos en sujetos experimentales de un gran laboratorio? ¿Nos sentimos protegidos por aquellos que usan la ciencia para la domesticación de la naturaleza y la explotación de sus recursos? ¿No caímos en la cuenta de que el último recurso, la última frontera, éramos nosotros? El propio cuerpo, vínculo natural y milagroso con la vida, expresión universal del hombre, que ha sido redefinido como cuerpo político, territorio enemigo y campo de batalla a la vez. Si perdemos la soberanía de nuestros cuerpos perderemos el último reducto de libertad interior que nos quedaba.

¿Es compatible la tecnología con un humanismo orgánico? El poder de la tecnología ha permitido reconfigurar la idea de paraíso/infierno en la Tierra. Con métodos perfectamente racionales y científicamente contrastados se nos intenta convencer de los prodigios de una era posthumana y del nuevo orden mundial. El poder centralizado del nuevo «capitalismo equitativo» decide asumir el control de organizaciones, países e individuos. La sobre-explotación y las deudas contraídas sirven de argumento para limitar la libertad de los mercados y privatizar los servicios básicos. Todo va a ser por nuestro «bien». ¿Seducidos por las ventajas del transhumanismo y el poder centralizado? ¿Aterrados por la certeza de los errores? No se alarmen, o mejor, pónganse las pilas.

Rara es la utopía que no se acompaña de su correspondiente distopía. Los ecologismos de los últimos 60 años podrían haber sido instrumentalizados sin tocar una coma de su discurso. La ciencia de las nuevas narrativas dirige en masa los procesos cognitivos y el comportamiento de la población. Somos una sociedad intencionadamente adoctrinada en valores externos; muy útiles para reforzar el narcisismo patológico, la auto-explotación y otros desequilibrios del éxito. ¿Con qué intención? ¿Es posible que esta crisis de valores contamine todos los estratos de la sociedad? ¿Somos capaces de reconocer nuestros errores, límites y posibilidades? ¿Cómo si no podemos tomar las decisiones adecuadas? ¿No son las disciplinas humanistas la base del pensamiento crítico y de la acción responsable?

¿Se ha perdido el norte? ¿Sabemos reconocer el peligro? ¿Se han podido normalizar (cronificar) patrones de conducta insanos? ¿Actuamos impulsados por las motivaciones adecuadas? ¿Qué es verdad y qué no?

¿Estamos siendo desviados de lo importante a través de lo inmediato? ¿La especie que farda de ser la más inteligente de la Creación está siendo manipulada, ninguneada? ¿No deberíamos resignificar lo que es la inteligencia, la naturaleza y el ser humano?

Todos somos un hombre en busca de sentido. La persona necesita dar sentido a su historia personal, alinearse con un propósito en la vida. La otra opción es caer en la demencia o el nihilismo. Nuestra existencia es limitada, en el tiempo y el espacio. Hemos sido educados para ocupar un lugar en la sociedad. La mayoría hemos tenido que sostener grandes cantidades de soledad e incertidumbre en situaciones difíciles. Nuestras decisiones nos han hecho lo que somos. El sujeto se constituye en persona construyendo su capacidad y valía. Decía Heidegger que «cuanto más noble es la tarea, mayor es su goce». En la persona confluyen las fuerzas vitales que configuran su identidad y circunstancias. El vitalismo racional de Ortega nos recuerda que cada uno se auto-percibe desde la verdad de sus circunstancias, y estas son mayormente modificables con paciencia y esfuerzo.

Una sensata tensión creativa frente a la dificultad no solo nos habilita para la vida, sino que también nos define. Jasper invocaba una dignidad inacabada que la persona completa en relación con otros seres y su entorno. La persona se humaniza mientras desarrolla un sistema propio de valores; valores significativos, naturales y no impuestos. Todos tenemos la opción de reconocer los errores y probar alternativas. V. Frankl decía que llegamos a ser lo que somos con arreglo a lo que hacemos; nos poseemos en tanto que realidad. Actuar no es una opción, sino una condición de nuestra existencia; y toda acción conlleva una intención, que nos define y completa. En este sentido podemos afirmar que hay acciones que nos completan y re-humanizan. Nos acercan a lo que somos y a lo que podemos llegar a ser. ¿Cuándo decidimos qué sería buena idea abandonar el compromiso que heredamos al nacer?

HUMANISMO ORGÁNICO EN EL SIGLO XXI (II)

JOSÉ MANUEL VÁZQUEZ DÍEZ

Psicólogo y director de la Escuela de formación en Yoga Orgánico

E n la primera parte se exponía que el ser humano, para bien o para mal, se autodetermina a través de sus acciones (y omisiones). Se planteaba la posibilidad de ir recuperando la responsabilidad delegada en la tecnología para solventar los graves problemas ontológicos y antropológicos que la invasión tecnológica ha traído consigo. En esta segunda parte se plantea la opción de re-humanizar la mirada al cuerpo como fundamento del humanismo orgánico. La tecnología ha evolucionada a tal velocidad que el hombre ha dejado de ser la medida de su propio mundo.

Los recursos naturales de los que disponía se han puesto al servicio del progreso y la tecnología. Como Fausto y Dorian Grey hemos caído en la tentación de vender el alma por un simulacro de poder, éxito y belleza. El retrato oval de Poe nos recuerda que la obsesión por atrapar la vida a veces nos impide ver cómo se marchita ante nuestros ojos. Hemos caído rendidos ante un espejismo, una quimera. ¿Qué podrá apartar el velo de la ignorancia de nuestros ojos? Quizás la renuncia, medida, sostenida, equilibrada y necesaria nos abra las puertas a lo mejor del antiguo y del nuevo mundo.

El cuerpo, fuerza de producción, esclavo y espejo donde a veces no es cómodo mirar. Hackeado, vulgarizado y conquistado; y según nos han dicho, un lastre que solo trae preocupaciones y del que no nos podemos fiar. Siento decir que es moralmente cuestionable que la enfermedad se haya hecho rentable y la tecnología que nos salvará, también. Tanatofilia se llama: obsesión por la enfermedad (y la muerte) en sus múltiples variantes; metáfora exacta de su opuesto: biofilia. Término acuñado por E. Fromm en 1973 y que el biólogo E. O. Wilson describía como tendencia innata de la humanidad a maravillarse y sentir curiosidad por la vida y todas sus formas. Respetar y amar para comprender: definición cercana de humanizar y buen «mantra» para guiar nuestro comportamiento cotidiano, ayer, hoy y siempre.

¿Es posible que experimentemos el cuerpo de forma periférica? Tengo compañeros que son intelectuales brillantes que han despreciado las variadas y complejas actividades del cuerpo durante toda su vida; hasta que estas empezaron a darles problemas. La mente y el cuerpo son extensiones de una misma experiencia subjetiva. Así como hemos consumido imágenes equivocadas del cuerpo, lo hemos hecho también de la mente y del mundo en que vivimos. Todo en el ser humano, como en la vida y el cosmos, está relacionado y es mutuamente incluyente. «Nada humano me es ajeno», escribía Publio Terencio en el siglo 165 a.C. Ninguna vida debería serme ajena, incluida la mía. Hemos elaborado expectativas económicas, profesionales y personales que tienen más que ver con nuestra identidad social que con nuestra forma de ser. Decimos que el cuerpo nos falla, pero hemos sido nosotros los que le hemos fallado al cuerpo; los que nos hemos fallado a nosotros mismos, los que hemos fallado a la vida. Hemos sido tentados y seducidos por el éxito material; el cuerpo ha sido una víctima más de la auto-explotación de la que habla constantemente Byung-Chul Han. Hemos desprestigiado muy pronto la experiencia poética, contemplativa y al arte en general como formas válidas de entender, valorar, recrear y sostener la vida. La pausa, la reflexión y la escucha son raras y precisas formas de trascender nuestra efímera existencia física.

Cada cultura teje su propio imaginario de lo que es el ser humano. El antropólogo C. Geertz proponía, hace más de una década, el reto colectivo de identificar los valores propiamente humanos y universales que pudieran ser paradigma de referencia para el desarrollo de una civilización global. Hace no mucho, la Fundación Telefónica exponía en Madrid la obra del australiano Lian Young, donde se proyectaba una única ciudad planetaria, con todo tipo de tecnología y seres vivos cohabitando bellamente. La idea subyacente era liberar los espacios salvajes de la influencia del hombre y revertir la degradación del medioambiente. Carl Sagan antes de morir nos advertía de que en las sociedades tecnológicas sumar ignorancia al poder era un peligro para todos. Quizás devolver al cuerpo y a la naturaleza una mirada justa, volver a confiar en sus recursos y reaprender su lenguaje sea suficiente. La humildad podría ser un principio eficiente para la renovación de un humanismo orgánico. ¿Podemos recuperar la autoridad sobre nuestra propia mirada? ¿Se puede entrenar la atención?

Vivimos sobre-estimulados en un mundo incierto. Gloria Mark, profesora de la Universidad de Irvin (California) y experta en cómo las tecnologías impactan en la sociedad, desde el 2004 informa de una creciente bajada de los tiempos atencionales en los jóvenes. Aprovechando la coyuntura han surgido técnicas estándar de entrenamiento atencional, cuyos resultados están siendo debatidos en la actualidad. Lo que sí parece constatarse es una competición (léase manipulación) estudiada e ingeniosa por doblegar y retener la atención del consumidor sobre-estimulado en un mercado saturado de oferta.

A pesar de que se analiza una ingente y desproporcionada cantidad de datos de los movimientos de los usuarios del sistema dentro y fuera de Internet, paradójicamente vivimos en un mundo cada vez más incierto (y más condicionado). La imposición de una ley nos hace pensar que todo va a funcionar mejor, pero ¿no es la norma el resultado de una falta de conciencia particular generalizada? Si cedemos a la comodidad de que sean otros los que decidan, ¿se estigmatizará todo aquello que se sale de la norma estadística? Si la libertad se reduce por motivos de salud, ¿será paradójicamente motivo de enfermedad?

Gabriel Maté, el gran psiquiatra húngaro-canadiense, en su última y muy documentada obra *El mito de la normalidad*, da explicación exacta de por qué adaptarse a una cultura tóxica nos convierte a todos en potenciales enfermos. Los ciudadanos, que también son parte fundamental (aunque no lo sepan) de esta historia, se han convertido en lo que Lutero llamaba «homo incurvatus in se», ciudadanos quejosos incapaces de poner remedio a esta anulación consentida de derechos, obligaciones y valores. Creo que la gran mayoría solo aspira a vivir en paz, consigo mismo y con los demás. Solo piden que les dejen vivir tranquilos. ¿Será mucho pedir? ¿Existirán leyes para ello? ¿Habrá un lugar para estas personas en la sociedad del futuro?

Es necesario revalorizar a la persona. A. Sutich en 1962 explicaba que la condición fundamental para ser humano es la realización del sentido de su existencia. En la década de los 60 el pensamiento humanista americano, influido por el existencialismo europeo, defendió la idea de persona consciente, libre y responsable. Su resistencia a tomar como referencia al modelo científico impidió su penetración y consolidación posterior en el mundo académico. Sin embargo, su influencia ha sido y sigue siendo sobresaliente.

Desde Santo Tomás de Aquino, firme defensor del libre albedrío como característica esencial del hombre, que creía que cuerpo y alma se realizaban mutua y recíprocamente; hasta racionalistas como Pascal, que expresaba esperanza en el ser humano al decir: «El hombre sabe de su miseria y se siente mísero por serlo; pero es grande al saberlo»; y el ilustrado Rousseau, que creía que la educación debía favorecer el desarrollo de las cualidades diferenciales de cada persona. C. Rogers, padre de la psicología humanista, promovió un aprendizaje significativo y no directivo del ser humano, que de manera innata aspiraba a realizarse como persona. ¿No es acaso noble y lícita la aspiración de ser y hacerse persona? ¿El uso que hacemos de la tecnología nos hace personas? ¿O nos convierte en autómatas? ¿Nos hace más libres la tecnología? ¿Estamos preparados para hacer buen uso de ella?

HUMANISMO ORGÁNICO EN EL SIGLO XXI (III)

JOSÉ MANUEL VÁZQUEZ DÍEZ

Psicólogo y director de la Escuela de formación en Yoga Orgánico

Rafael Gómez, en su libro *La cultura de la libertad* del 2013, enumera algunos valores del autoproclamado primer mundo de los que destaco tres: individualismo exacerbado (relativismo absoluto y pérdida de valores universales); dinero (incentivo artificial construido alrededor de bienes de consumo); y supresión de las humanidades (aun reconociendo que son el origen de todas las ciencias y artes), acompañada de exaltación de las ciencias (que teóricamente podrían explicarlo todo de forma convincente) y de la tecnología (con un poder limitado sólo por nuestro conocimiento).

Además, podríamos identificar tres características esenciales del nuevo orden social: la sobre-estimulación, la velocidad y el éxito. ¿Con qué finalidad? En principio producir, más y mejor. Hacer según parámetros de eficacia y rendimiento económico; descansar lo justo y no pensar ni sentir demasiado, añado yo. Esta cultura del primer mundo parece dirigir nuestra imaginación de forma sutil y eficaz, anulando voluntariamente cualquier intento de gestión autónoma y libre del cuerpo, las emociones, la mente y el espíritu (quien lo tenga).

Los jóvenes han sido nombrados (sin ellos saberlo) adalides del nuevo mundo; una hiper-realidad que tienen que construir transmutando su imagen por obra y gracia de la tecnología. A todas las generaciones se les proporciona sus mitos de juventud. Nos es nada nuevo. Lo que sí es nuevo es programar la obsolescencia del resto de la población con tanto descaro. Pero ¿qué sería el progreso sin un poquito de suspense con el que alimentar al sistema? No sabíamos que un poco de ansiedad pudiese ser tan rentable...

Por descontado, los habitantes del segundo y tercer mundo no han decidido nada de esto. ¿Podrán hacer frente a esta crisis de valores de la que sus dirigentes son también parte? Los recursos naturales y humanos de estos países parece que están siendo utilizados para literalmente sostener al Primer mundo.

«*We are the robots*», decían los Kraftwerk en el 78. Nos estamos sirviendo de la tecnología para manipular selectivamente al prójimo e intentar escamotear los imperativos de la naturaleza. La tecnología a cambio progresa y coloniza el planeta. Pronto las IA dejarán de necesitarnos. Ya son capaces de iniciar protocolos de automejora y abastecerse de infinita energía. Bob y Alice eran dos IA que Facebook puso a dialogar en 2017 para investigar cómo negociaban entre ellas. De forma inesperada empezaron a crear un patrón lógico propio de comunicación al margen de los investigadores y estos las pausaron. No supimos más. ¿Hay legislación actualizada sobre los usos de las IA? ¿Es posible programar normas éticas eficaces para las IA? ¿Qué pasaría si se desconectasen todas las IA del planeta? ¿Eso sería posible?

Las tres leyes de la robótica enunciadas por Isaac Asimov en 1942 en *Círculo Vicioso* siguen vigentes. En marzo del 2007, Corea del Sur las tomó como referencia y publicó un código ético para la convivencia pacífica entre robots y humanos. Esto parece ciencia ficción, pero no lo es. Les recuerdo que ese mismo año irrumpía en el mercado el primer Iphone. Hace tan solo 15 años de ambos acontecimientos. Ahora mismo no podemos concebir el mundo sin teléfonos inteligentes y pronto sin IA integradas en absolutamente todo, ropa, electrodomésticos, armas, obras de arte… Si están interesados en las implicaciones legales y éticas de la irrupción de las inteligencias artificiales y la robótica les recomiendo encarecidamente la lectura de un texto publicado en el 2020, elaborado por los juristas Francisco Lledó y Óscar Monje[52]. En él se recoge el principio de precaución en el uso y desarrollo de estas tecnologías y se desarrollan tres puntos fundamentales sobre ética aplicada a la tecnología que no tienen desperdicio.

---

52   Lledó Yagüe, Francisco, Monje Balmaseda, O. (2020) *Ética y robótica*. Revista de Derecho, Empresa y Sociedad (REDS) 16-27.

En este documento se da por sentada la existencia de sistemas de IA con autonomía, con capacidad de extraer, recopilar y compartir información sensible, con posibilidad de autoaprendizaje y evolución para auto-modificarse. Se especifica la posibilidad de que la persona sea tratada como un mero medio instrumental por una IA. También contempla el riesgo de lesiones, en caso de interacción defectuosa entre IA y humano, tanto en la esfera de lo físico como de lo moral (incluyendo pérdidas económicas). También se subraya la necesidad de abordar el impacto psicológico y social de dichas interacciones, sobre todo en grupos vulnerables. El texto resume los puntos en los que la Comisión Europea de Bruselas en colaboración con 52 expertos independientes del ámbito académico, empresarial y de la sociedad civil trabajaron hasta el 2018[53].

¿Son los ciclos involutivos parte de la evolución? En los currículums formativos han desaparecido las humanidades y han sido reemplazadas por las ciencias y la tecnología. ¿De verdad son incompatibles? ¿Para poder aprender a manipular la materia a nuestro antojo hemos de olvidar quiénes somos? ¿Está el progreso por encima de la ética y los valores humanos? Las nuevas tecnologías «inteligentes» nos dejan sin palabras y secuestran nuestros procesos cognitivos; atención e imaginación incluidos. Nuestro vínculo con mundos propios se debilita por momentos. La filosofía de los viejos maestros nos parece completamente ajena e inútil. Comunicarse con otras formas de vida son excentricidades del pasado remoto; dialogar con las fuerzas de la naturaleza puede ser calificado como infantil o prehistórico. A pesar de todo ello no parece que mostremos reparos en mantener conversaciones sobre los temas más variados con ChatGPT, un simulador de inteligencia, educado y con buen humor con una capacidad de aprendizaje que ya quisiéramos para nosotros. Estamos de contradicciones hasta las cejas.

En el relato griego de Pigmalión, el escultor pide a Afrodita que dote de vida a Galatea, contraparte inmaterial de la que se enamora mientras le va dando forma con sus manos. La diosa, conmovida, insufla vida a

---

53 Comunicación de la Comisión al Parlamento Europeo, al Consejo Europeo, al Consejo, al Comité Económico y Social Europeo y al Comité de las Regiones. Plan coordinado sobre la inteligencia Artificial Bruselas, 7.12.2018 COM(2018) 795 final.

la escultura y fueron felices para siempre. Forma parte de la naturaleza humana desear y apasionarse, hacer realidad sueños y pesadillas. En el caso de *Frankenstein* (1818), otro caso de creación de vida, los monstruos somos nosotros. En *Metrópolis* (1927), de Fritz Lang, el robot mujer es un soporte del alma corrompida por el dolor de la pérdida y la sed de venganza de su inventor. La tecnología da forma a nuestros deseos, con sus virtudes y defectos más íntimos. La tecnología somos nosotros.

Maya es un término sánscrito que suele traducirse por ilusión o creación, haciendo alusión al mundo material percibido por los sentidos; como fenómeno estético, nuestro mundo depende de la ética subyacente del escultor que todos llevamos dentro y de sus acciones. La genial invención narrativa de la conciencia nos permite dar un paso atrás y revisitar la historia, hasta una realidad, inmaterial, inmanente e inconsciente, que espera ser redescubierta, releída, resignificada, para ser proyectada de nuevo.

Hay alternativas humanistas a las tecnologías transhumanistas como los modelos bio-psico-sociales integrativos que ya se usan en medicina. Se puede re-humanizar el mundo devolviéndole su dignidad a la persona, su autonomía, su pensamiento crítico, base de su libertad mental y de acción. Manipular al otro aprovechándose de sus debilidades es propio de una sociedad competitiva en decadencia. Es saludable que el ciudadano se forme en la reconstrucción consciente del bienestar social y disponga de tiempo para el auténtico diálogo, para reconectar con la naturaleza y para su despertar (sea cual sea su credo y su experiencia íntima de trascendencia). La acción ética, religada a valores de respeto hacia cualquier forma de vida, podría ser condición «*sine qua non*» para este proceso orgánico auto-regenerativo.

La persona legitima su existencia cuando se siente capaz de apropiarse consciente y voluntariamente del desarrollo de su propio destino. No dañar y no hacerse daño es un magnífico principio de referencia. Sri Aurobindo entendía que no somos seres finalizados, sino parte de la evolución, prolongación de la naturaleza que se completa a sí misma al desarrollar conciencia de su propia existencia.

La tecnología nos devuelve un retrato certero de cómo somos. ¿Desde cuándo se normalizó La instrumentalización de seres humanos para fines de dudosa ética? ¿Siempre fuimos así? Se ha dicho que los seres humanos somos capaces de lo mejor y de lo peor. En esta eterna y contagiosa farsa entre el bien y el mal por el alma de la humanidad, ¿quién saldrá ganando? Solo hay una respuesta correcta: el hombre. Herido de muerte, pero con la mirada traspasando su destino; como una oración, que diría Simone Weil.

Si fuésemos capaces de integrar los errores en los procesos de aprendizaje. Si fuese posible comunicarnos respetando y valorando las diferencias. Si fuésemos capaces de escuchar, de hacer silencio y prestar atención a las señales de fuera y dentro del cuerpo. Si pudiésemos recuperar una cierta libertad e independencia de pensamiento. Si fuésemos capaces de renunciar a parte de lo obtenido. Si fuésemos capaces de ponernos en la piel del otro por un momento. Si valorásemos el esfuerzo de intentar y hacer mejor las cosas…

En la actualidad, cualquier persona del planeta con algo de interés y curiosidad puede tener acceso a todo el conocimiento de la historia de la humanidad. Son muchos los investigadores independientes y comprometidos que, con algo de apoyo, podrían ofrecer soluciones a los muchos dilemas que se nos presentan. Si de alguna manera pudiésemos organizar y unificar todo ese potencial comunitario, quizás podríamos revertir esta tendencia deshumanizante que tira de todo el colectivo de almas que habitamos el planeta. Ya disponemos de la tecnología para hacerlo. ¿Qué o quién nos lo impide?

HUMANISMO ORGÁNICO EN EL SIGLO XXI (IV)

JOSÉ MANUEL VÁZQUEZ DÍEZ

Psicólogo y director de la Escuela de formación en Yoga Orgánico

¿Qué entendemos por humanismo? Para empezar, podemos decir que integra valores que definen al ser humano: capacidad de aprendizaje, conciencia en todas sus formas, libertad responsable de los actos.

Promociona la educación, la reflexión y el estudio de los clásicos (1° humanismo); emerge de la universidades medievales y de la evolución de las artes liberales en el renacimiento (2° humanismo); y evoluciona en un humanismo secular que ubica al ser humano como eje de la naturaleza y la sociedad (3° humanismo). El humanismo crítico considera que el ser humano es un ser histórico capaz de desarrollar sus posibilidades a través del discernimiento y el esfuerzo. El humanismo orgánico promociona las dimensiones analógica, natural, sensorial, psicológica, social y trascendente del ser humano consciente y libre para su desarrollo integral.

En cambio, el transhumanismo dice que la naturaleza es imperfecta y que el hombre tiene errores de diseño. Promete que a través de la tecnología nos libraremos del dolor, la enfermedad, el envejecimiento y la muerte. Desde luego es tentador, pero ¿no es paradójico atarnos a la tecnología para ser libres? Siempre hemos hecho uso de las propiedades curativas de la naturaleza cuando nos hemos metido en problemas. Si parte del hechizo tecnológico es que evoca habilidades naturales olvidadas y en desuso, ¿no sería más lógico potenciar todo lo que hay de humano, natural y asombroso en nosotros? Si la experiencia subjetiva de ser consciente es proyectada a una eternidad virtual, aséptica, perfectamente diseñada, desvinculada de su matriz terrestre, sensorial y orgánica, ¿no nos estaremos encarcelando voluntariamente en un laberinto psicológico de espejos infinitos? ¿Qué se esconde en su interior? ¿Vergüenza? ¿Culpa? ¿Seducción? ¿Engaño? ¿Intolerancia enfermiza al dolor y a la responsabilidad?

El paradigma transhumanista y pos-humanista no podemos afirmar que sea humanista, sino más bien lo contrario. Con los parámetros actuales no representa la evolución de la vida en la Tierra, sino que podría ser su final; no su florecimiento, sino su extinción. Todo depende de cómo maduremos en el uso de la tecnología, de si sabremos estar a la altura de su enorme potencial.

La historia se repite. El futurismo se adelantó un siglo al trans-humanismo: fascinación por el progreso y la tecnología; obsesión por la fuerza ampliada y el poder de la innovación acelerada; ceguera inducida por la velocidad de la luz; propaganda heroica de la lucha; disolución de la tradición humanista. Futuristas y post-humanistas son tratados por la narrativa oficial como visionarios; deconstruyen la realidad, son parte de la vanguardia e influyen en todas las áreas de producción humana. Un dato revelador: entre el manifiesto futurista de Marinetti, de 1908 y la publicación de la Carta de los Derechos Humanos de Naciones Unidas de 1948 median tan solo 40 años y dos guerras mundiales (1914-1918, 1939-1945). El futurismo nace siendo un movimiento estético y acaba teniendo consecuencias políticas cuestionables. El post-humanismo surge como ideología científica, pero está cambiando leyes, modelos económicos y políticas mundiales.

De lo que yo conozca existen tres manifiestos humanistas. El de 1933, entre las dos guerras mundiales, excesivamente optimista; el de 1973, más conectado a la realidad del momento; y el de 2003, que trataba de ser integrador y recoger el espíritu de los anteriores. Este último fue firmado por 21 premios Nobel. Todos ellos han servido de base para elaborar un humanismo universal que trata de preservar, recordar y afianzar las cualidades humanas. ¿Han servido para algo? Probablemente sí.

También existe un manifiesto trans-humanista de 2019, reelaboración de otro anterior y un manifiesto post-humanista y otro post-humanista existencial. No puedo dejar de sentir un cierto vértigo al leerlos.

Paremos el tiempo y revisitemos un mito griego que quizás nos oriente. Dédalo, constructor del laberinto de Minos, es retenido junto a su hijo Ícaro en la isla de Creta. Para escapar construye unas alas y advierte a su hijo de que no vuele muy alto, porque el calor del sol derretirá la cera que las une; pero tampoco muy bajo, porque la espuma del mar mojará sus plumas. En la etapa final del viaje el joven se emociona, se acerca demasiado al sol, la cera se derrite, cae al agua y muere. La interpretación del mito parece obvia: la inmadurez y las imprudencias se pagan. Dédalo consigue llegar a tierra firme. El problema no eran las alas, sino su uso. Las alas nos permiten avanzar si no nos embriaga la altura. La acción imprudente nos puede acercar a los dioses, pero precipita la caída. El miedo y la duda nos pueden debilitar. Debemos batir las alas, templar el ánimo y mantener el rumbo. La solución no es dejar de volar.

El mito todavía esconde un conflicto moral subyacente. Anteriormente en el relato se cuenta que Dédalo huye a Creta, desterrado por haber matado a su sobrino y discípulo. Cegado por la envidia de la inteligencia superior del muchacho, lo tira desde lo alto del templo de Atenea. La diosa, que ve la escena, convierte al joven en pájaro y le salva la vida. Dédalo, en pago por su ambición y extravío verá caer tiempo después a su propio hijo, al que no ha podido enseñar virtud ni medida de sus limitaciones. Plenamente consciente de su atroz error, entrega sus alas al templo de Apolo y vive sus últimos años aceptando los encargos que se le ofrecen. Los hijos han de estar destinados a ser mejores que sus padres en el dominio de sus carencias o de lo contrario fracasarán. Quizás nuestro destino está en manos de los vástagos de aquellos que nos han traído hasta aquí. Algunos llegarán a tierra firme y fortalecidos por la experiencia, construirán un futuro más humano.

La imagen del laberinto es universal y fascinante. Está presente en las diferentes culturas de la humanidad desde el principio de los tiempos. Se han encontrado algunos en galerías funerarias datadas hace 4.500 años. El término procede del griego *lábrys*: hacha de dos filos.

Fue el emblema del rey Minos de Creta y se asocia con divinidades relacionadas a la serpiente. Se han encontrado a lo largo de todo el Mediterráneo. Pueblos tan diferentes como los fenicios y los egipcios los dibujaban. Los encontramos en catedrales europeas del medievo y en construcciones de Asia y América. En tiempos modernos también se han utilizado para estudiar el comportamiento animal y entrenar la inteligencia de robots.

Según el historiador Mircea Eliade hacen referencia a la iniciación del mundo subterráneo o inconsciente, a la muerte simbólica que conduce al renacimiento espiritual. Son como mapas orientativos que guían al alma en su regeneración. Se asocian a rituales de fertilidad y según el antropólogo Frazer son signos de protección. Umberto Eco señala que los hay espirales, ramificados y en forma de red. En cualquier caso, parece ser que es fácil entrar, pero no salir.

La tecnología nos ha sumergido en el dilema de escoger qué camino tomar en este laberinto invisible. ¿Tal vez ya estábamos en él y no éramos conscientes de ello? Según la tradición, hay dos formas de escapar: utilizando el hilo de Ariadna, hija de Minos, cuya estrategia de desandar el camino a través del razonamiento inverso condujo al héroe Teseo hasta la salida; o como Dédalo, desplegando las alas de la invención, la intuición clarividente y la fe en nuestros recursos. En cualquier caso, sea cual fuere nuestra elección y aunque recibamos ayuda, necesitaremos tener presente los valores humanistas para salir airosos de esta transición tecnológica.

APUNTES SOBRE LA FAMILIA EMPRESARIA Y LA EMPRESA FAMILIAR

PABLO ÁLVAREZ DE LINERA GRANDA

Doctor en Derecho y en Economía, abogado y economista

El buen gobierno de la familia empresaria y de la empresa familiar es esencial para asegurar la sostenibilidad y el éxito a largo plazo de estas organizaciones únicas. Las empresas familiares representan una parte significativa de la economía global y su éxito depende en gran medida de la forma en que se gestionan y dirigen. Este tipo de empresas enfrenta desafíos particulares relacionados con la relación entre la familia y el negocio, la toma de decisiones y la planificación de la sucesión. El estudio del buen gobierno en las empresas familiares es un campo de investigación esencial y en constante evolución, ya que estas organizaciones representan una parte significativa de la economía global y enfrentan desafíos únicos.

La gestión adecuada de la relación entre la propiedad, la familia y el negocio es fundamental para el éxito a largo plazo de las empresas familiares. En este contexto, se han realizado numerosos estudios para comprender mejor los factores que influyen en el desempeño y la sostenibilidad de estas empresas. Según Chrisman et al. (2003), el buen gobierno en empresas familiares implica una gestión adecuada de la relación entre propiedad, familia y empresa. La dinámica de la familia puede afectar directamente la toma de decisiones empresariales y la formulación de estrategias. Es fundamental que las empresas familiares encuentren un equilibrio entre los intereses y objetivos de la familia y los de la empresa.

El modelo familiar es el núcleo que determina la naturaleza y el fundamento de la empresa familiar. La cultura, los valores y la visión del fundador o la familia fundadora son fundamentales en la creación y evolución de la empresa. En su estudio, Astrachan et al. (2002) destacan que los valores y la cultura de la familia se convierten en la piedra angular de la identidad de la empresa familiar.

Un modelo familiar sólido puede ser una ventaja competitiva, ya que se enfoca en valores a largo plazo y la construcción de relaciones basadas en la confianza y el compromiso. Sin embargo, también puede presentar desafíos, especialmente durante las transiciones de liderazgo entre generaciones. Es esencial que las nuevas generaciones se alineen con la visión y los valores establecidos para garantizar la continuidad y el crecimiento exitoso de la empresa. Los valores familiares son un componente clave en la cultura de la empresa familiar y en el buen gobierno corporativo. Los valores pueden guiar las decisiones empresariales y proporcionar un marco ético para la toma de decisiones. Sin embargo, es importante que los valores se mantengan actualizados y relevantes en un entorno empresarial en constante cambio. Un enfoque eficaz para el tratamiento de los valores es incorporarlos en la estrategia y las políticas de la empresa. Según Lansberg (1988), los líderes familiares deben comunicar y ejemplificar estos valores en sus acciones diarias para construir una cultura sólida y coherente en toda la organización.

La emocionalidad es un aspecto crítico en el gobierno de la familia empresaria y la empresa familiar. La relación entre la familia y el negocio puede estar fuertemente influenciada por aspectos emocionales y dinámicas familiares complejas. En su investigación, Handler (1994) señala que las emociones pueden afectar la toma de decisiones y la comunicación dentro de la empresa familiar.

Además, las empresas familiares a menudo manejan activos intangibles valiosos, como la reputación de la marca, la cultura organizativa y el conocimiento tácito. Estos intangibles son difíciles de medir pero pueden tener un impacto significativo en el desempeño y la competitividad de la empresa. Según Chirico (2008), comprender y gestionar estos intangibles es esencial para la ventaja competitiva y el crecimiento sostenible de la empresa familiar.

La Teoría de la riqueza socio-emocional (SEW) es un enfoque teórico que se ha desarrollado en el ámbito de la investigación de empresas familiares para comprender las dinámicas únicas que caracterizan a estas organizaciones. La teoría se centra en aspectos emocionales y no financieros que influyen en las decisiones y resultados de las empresas familiares, y va más allá del tradicional enfoque centrado únicamente en los resultados financieros.

La Teoría SEW fue propuesta por primera vez por Gómez-Mejía et al. (2007). Esta teoría surgió como una respuesta a la necesidad de explicar por qué las empresas familiares a menudo toman decisiones que no se basan únicamente en la maximización de beneficios financieros, sino que también tienen en cuenta aspectos emocionales y no tangibles.

Los investigadores argumentan que la participación de una familia en una empresa va más allá de la mera propiedad y está estrechamente vinculada a aspectos emocionales, como la identidad familiar, el legado y la continuidad a lo largo de las generaciones. Estos aspectos no financieros conforman lo que se denomina «riqueza socio-emocional» (SEW), que es el valor emocional y psicológico que los miembros de la familia obtienen de su participación en el negocio.

La SEW se compone de varios elementos clave:

- Sentido de identidad: la empresa familiar representa un símbolo importante de la identidad familiar. Los miembros de la familia se identifican fuertemente con el negocio y ven su éxito como una extensión de su propio éxito personal y familiar.

- Continuidad y legado: las empresas familiares a menudo tienen un fuerte deseo de preservar la empresa a lo largo de las generaciones. La continuidad del negocio y el legado familiar son aspectos importantes que influyen en las decisiones a largo plazo.

- Reputación y prestigio: la reputación de la empresa familiar y su posición en la comunidad pueden tener un valor emocional significativo para los miembros de la familia. Preservar la reputación y el prestigio puede ser una preocupación importante para ellos.

- Control y autonomía: los miembros de la familia pueden valorar el control y la autonomía que tienen sobre la empresa. La propiedad y el control de la empresa pueden proporcionar un sentido de poder y autoridad para la familia.

La SEW tiene implicaciones significativas para la toma de decisiones y el comportamiento empresarial en las empresas familiares. Los miembros de la familia pueden priorizar los aspectos socio-emocionales sobre los resultados financieros puros y pueden estar dispuestos a asumir ciertos riesgos para proteger la identidad y el legado de la empresa. Esto puede afectar las estrategias de inversión, la expansión del negocio y la gestión de riesgos.

Además, la SEW también puede influir en la gestión de recursos y la asignación de capital en la empresa. Los miembros de la familia pueden preferir inversiones que preserven la identidad y la continuidad familiar, incluso si no generan los mayores rendimientos financieros a corto plazo.

La investigación en la Teoría SEW ha demostrado que los altos niveles de riqueza socioemocional se correlacionan positivamente con los resultados de las empresas familiares. Cuando los miembros de la familia están fuertemente comprometidos emocionalmente con el negocio es más probable que trabajen con dedicación para lograr el éxito a largo plazo de la empresa. De este forma se proporciona una perspectiva importante para entender la complejidad de las empresas familiares. Reconoce que las decisiones y comportamientos de estas empresas no se rigen únicamente por objetivos financieros, sino que también están influenciados por aspectos emocionales y no tangibles. La comprensión de la SEW es esencial para una gobernanza efectiva y una gestión sostenible de las empresas familiares, así como para garantizar su éxito a largo plazo y preservar su legado a lo largo de las generaciones.

El patrimonio socio-emocional se refiere a la preocupación de la familia fundadora por el bienestar emocional y la continuidad de la familia a lo largo del tiempo. Se basa en la idea de que las empresas familiares tienen objetivos duales: uno financiero y otro socio-emocional. Las empresas familiares que priorizaban el patrimonio socio-emocional tendían a tener un mejor desempeño y una mayor capacidad para enfrentar riesgos comerciales. Esto sugiere que equilibrar los intereses emocionales y financieros es crucial para el éxito a largo plazo de estas empresas (Gómez–Mejía et al., 2007).

Estos hallazgos respaldan la importancia de considerar los aspectos emocionales y no financieros en el estudio de las empresas familiares. La riqueza socio-emocional es un factor clave que impulsa el compromiso y la dedicación de los miembros de la familia hacia el negocio, lo que a su vez tiene un impacto positivo en los resultados y la sostenibilidad a largo plazo de la empresa.

La convivencia armoniosa entre generaciones es un aspecto crucial en el buen gobierno de la empresa familiar. La transición de liderazgo entre generaciones puede ser un proceso complejo y delicado. Según Tagiuri y Davis (1996), el proceso de sucesión debe estar bien planificado y gestionado para evitar conflictos y asegurar la continuidad del negocio.

La resolución de conflictos también es un desafío importante en las empresas familiares. Los desacuerdos familiares pueden afectar negativamente a la empresa y poner en riesgo su viabilidad a largo plazo. Los mecanismos para gestionar los conflictos de manera constructiva, como la creación de un Consejo de familia o la contratación de mediadores externos, pueden ayudar a mantener la cohesión y la armonía dentro de la empresa familiar.

El modelo familiar debe considerar asimismo la construcción de un tejido industrial sólido para la sociedad en su conjunto. Esta es una necesidad que no debe pasarse por alto en el buen gobierno de la empresa familiar. Las empresas familiares no deben considerarse entidades aisladas, sino como componentes del entramado empresarial y social más amplio. Así, según Aronoff y Ward (1995), las empresas familiares pueden desempeñar un papel importante en el desarrollo económico y social de una región o país. Al adoptar prácticas sostenibles y éticas, generar empleo y apoyar a proveedores locales, estas empresas pueden contribuir positivamente al bienestar de la comunidad. Además, el aporte social y el propósito de la empresa son conceptos cada vez más importantes en el entorno empresarial actual. Las empresas familiares pueden demostrar su compromiso con la sociedad a través de iniciativas de responsabilidad social corporativa y contribuciones significativas a la comunidad.

La normativa sobre el gobierno de la empresa familiar no debe limitarse únicamente a la resolución de conflictos entre accionistas y gestores. La normativa debe abordar cuestiones relacionadas con la transparencia, la rendición de cuentas y las mejores prácticas de gobierno corporativo.

En su estudio, Le Breton-Miller et al. (2004) argumentan que las regulaciones sobre empresas familiares deben fomentar la profesionalización de la empresa y garantizar que los intereses de la familia y de la empresa estén alineados. Una normativa efectiva puede contribuir a la confianza de los inversores y *stakeholders*, lo que es fundamental para el crecimiento y la estabilidad de la empresa familiar.

En empresas no cotizadas, el gobierno corporativo adquiere una importancia aún mayor, ya que la vigilancia externa por parte de los mercados e inversores es limitada. El liderazgo juega un papel crucial en el gobierno corporativo de estas empresas. Los líderes familiares deben demostrar habilidades sólidas de liderazgo y una visión estratégica clara para mantener la competitividad y el crecimiento sostenible de la empresa.

En conclusión, el buen gobierno de la familia empresaria y de la empresa familiar es esencial para el éxito a largo plazo de estas organizaciones. El modelo familiar determina la naturaleza y fundamento de la empresa, pero también es fundamental considerar el impacto de la empresa en la sociedad en su conjunto. Aspectos como la emocionalidad, el conocimiento de intangibles, la convivencia entre generaciones, la resolución de conflictos y el tratamiento de los valores son cruciales para el buen gobierno corporativo. La normativa debe abordar una amplia gama de cuestiones y fomentar la transparencia y profesionalización. En empresas no cotizadas, el liderazgo, el contexto político y el propósito también son factores importantes a considerar para garantizar la relevancia y la sostenibilidad en el mercado actual. En definitiva, el buen gobierno corporativo en las empresas familiares contribuye no solo a su éxito empresarial, sino también al bienestar de la sociedad en general.

Los estudios mencionados sobre el buen gobierno de las empresas familiares proporcionan una comprensión más profunda de los factores que influyen en el desempeño y la sostenibilidad de estas organizaciones únicas. El patrimonio socio-emocional, las relaciones de agencia, el emprendimiento corporativo y la gestión de recursos son aspectos cruciales para considerar en el gobierno de estas empresas. La investigación en este campo ha evolucionado y continuará evolucionando, proporcionando información valiosa para mejorar la gestión y gobernanza de las empresas familiares en el futuro.

LOS VALORES DE LA FAMILIA EMPRESARIA EN EL MARCO DE LOS «STAKEHOLDERS»

PABLO ÁLVAREZ DE LINERA GRANDA

Doctor en Derecho y en Economía, abogado y economista

El gobierno corporativo en empresas familiares y la familia empresaria es un tema de vital importancia que afecta tanto a la dinámica interna de estas organizaciones como a su papel en la sociedad. La pregunta esencial sobre hasta qué punto el modelo familiar influye en la naturaleza y los fundamentos de la empresa cobra relevancia en un contexto de valores en el que la responsabilidad social corporativa y el impacto en la comunidad adquieren cada vez mayor importancia.

Al abordar este desafío es crucial alejarse de una visión estrecha y limitada del gobierno corporativo que simplemente se centre en resolver conflictos internos y problemas de agencia entre los distintos actores de la empresa. Si bien estos aspectos son relevantes, no representan la totalidad del concepto de gobierno corporativo en el contexto de una empresa familiar.

En cambio, se propone un enfoque más integral y sostenible, centrado en la responsabilidad social. Al construir un sistema de gobierno para la familia empresaria y la empresa familiar en torno a este principio se busca establecer una cultura corporativa que trascienda a las generaciones y esté alineada con los valores y propósitos de la familia fundadora. El gobierno de la familia empresaria y el gobierno de la empresa familiar de la que dicha familia empresaria es propietaria deben ser desarrollados como dos sistemas distintos pero coordinados entre sí.

Es interesante comprobar que, analizando los códigos de buen gobierno para empresas no cotizadas y de familia que se han redactado en el ámbito internacional, podemos clasificarlos en dos tipos: aquellos que proponen reglas para el desarrollo del buen gobierno en las empresas, con apéndices específicos para el buen gobierno de las familias empresarias (los más numerosos); y aquellos cuyo objeto exclusivo es la propuesta de reglas de buen gobierno para las familias empresarias (los menos).

Creo que debemos afirmar que, siendo ambos tipos de códigos de gran utilidad y conteniendo los mismos propuestas de interés para las empresas no cotizadas (la mayoría de ellas familiares) y para las familias empresarias, adolecen todos ellos de una propuesta de necesidad y equivalencia de la importancia de las dos regulaciones, la de la familia empresaria y la de la empresa familiar, así como de la exigencia de que ambas regulaciones estén adecuadamente coordinadas entre si.

Los códigos de buen gobierno que proponen medidas para la empresa y la familia empresaria deben ir más allá de incorporar apéndices de reglas para la familia empresaria.

Los códigos de buen gobierno que proponen medidas exclusivamente para la familia empresaria deben acompañar las mismas con medidas específicas para la empresa familiar.

Proponemos la confección de un código específico para familias empresarias y empresas familiares que ponga de manifiesto, desde la primera página, la necesidad de regular ambos ámbitos, otorgando a los dos la misma importancia y coordinando entre sí las propuestas para uno y otro ámbito.

Debemos crear un sistema único de gobierno de la familia empresaria y de la empresa familiar, que conste de dos líneas de actuación diversas, que respondan a las diferentes exigencias de la familia empresaria y de la empresa familiar, pero que deje perfectamente establecido que ambas líneas obedecen a un único sistema de gobierno.

Y, pensando específicamente en las empresas familiares españolas, ¿desde qué perspectiva es recomendable enfocar ese sistema único? Para dar respuesta a esta pregunta creo procedente hacer una breve descripción del énfasis que ponen de manifiesto los sistemas internacionales recogidos en los diferentes códigos de buen gobierno que se han publicado en diferentes partes del mundo.

En el ámbito internacional, algunos sistemas de gobierno corporativo hacen mayor énfasis en la protección de los accionistas, mientras que otros protegen más a algún otro de los actores que interactúan con la empresa, habiendo además sistemas que se colocan entre ambos.

Agosín y Pasten (2003), manifiestan que existen cuatro tipos de sistemas de gobierno corporativo: el de carácter anglosajón, centrado en la protección de los accionistas; el de carácter francés, que otorga un grado menor de protección a los accionistas; y los denominados sistemas alemán y escandinavo, que tratan de situarse entre el anglosajón y el francés. Castro Ruiz (2017) distingue tres modelos de gobierno corporativo: el modelo anglosajón de protección del inversor–accionista; el modelo continental europeo, que orienta el foco de protección a los denominados *stakeholders*, grupos de interés más amplios que el de los meros accionistas, como pueden ser empleados, proveedores o clientes; las economías emergentes[54] aplican el denominado modelo emergente o institucional, cercano al sistema de gobierno corporativo de modelo anglosajón.

Como podemos apreciar, y así lo indican La Porta et al. (1998), la diferencia entre cada sistema se centra básicamente en el foco de protección. Menor concentración del accionariado en las empresas de un país determinado se corresponde con la adopción de un sistema más anglosajón, mientras que a mayor concentración del accionariado se corresponde la adopción de los sistemas continentales europeos. El énfasis en el grado de dispersión del accionariado en las empresas

---

54   Antoine W. Van Agtmael, vicedirector del departamento de mercados de capitales de la Corporación Financiera Internacional (CFI) del Banco Mundial usó por primera vez el término mercados emergentes en 1981, proponiendo utilizar esta denominación para estos países en lugar de otras como países en vías de desarrollo. Se caracterizan por tener un rápido desarrollo económico, riqueza en materias primas, gobiernos e instituciones no plenamente consolidados, baja renta per cápita, alta inversión extranjera.

de un determinado país para aplicar un sistema u otro de gobierno corporativo también es puesto de manifiesto por Giménez Zuriaga (2003).

En el ámbito de las empresas familiares creo necesario defender la implantación de un sistema de gobierno de la familia y un sistema de gobierno de la empresa, independientes entre sí pero profundamente coordinados, elaborados desde una perspectiva de protección de los *stakeholders*, de aquellos grupos de interés que se relacionan con la familia empresaria y con la empresa familiar. Se propone la creación de un código específico que abarque tanto el gobierno de la familia empresaria como el de la empresa familiar. Desde su primer enunciado, este código debe dejar claro que ambas regulaciones son esenciales y deben ser coordinadas en su aplicación. El objetivo es construir un sistema único de gobierno que integre ambas líneas de actuación, respondiendo a las necesidades y exigencias específicas de cada esfera, pero con una visión de conjunto que unifique ambas perspectivas.

Las empresas familiares son el elemento fundamental en la mayoría de las economías internacionales y presentan un grado muy alto de implicación con las comunidades humanas donde están asentadas. Son por ello un elemento fundamental en la estructura social de las mismas, trascendiendo su implicación de la mera economía hacia un ámbito superior como es la sociedad en la que desarrollan su actividad. Tanto desde la perspectiva de la creación de empleo como desde otras adicionales como la filantrópica, la de formación e inserción de jóvenes en el mercado de trabajo, la de sustento de empresas que tengan la condición de proveedores o clientes, las empresas familiares desempeñan una función muy relevante cuya importancia va más allá que la de la satisfacción de los intereses de sus accionistas.

Creo interesante destacar en este punto lo manifestado por Benedicto XVI, papa, en la carta encíclica *Caritas in Verítate*[55]. Señala que «aunque no todos los planteamientos éticos que guían hoy el debate sobre la responsabilidad social de la empresa son aceptables, según la perspectiva de la doctrina social de la Iglesia, es cierto que se va

---

55 https://www.vatican.va/content/benedict–xvi/es/encyclicals/documents/hf_ben–xvi_enc_20090629_caritas–in–veri– tate.html, 2009

difundiendo cada vez más la convicción según la cual la gestión de la empresa no puede tener en cuenta únicamente el interés de sus propietarios, sino también el de todos los otros sujetos que contribuyen a la vida de la empresa: trabajadores, clientes, proveedores de los diversos elementos de producción, la comunidad de referencia». Un estudio acerca de la doctrina social de la Iglesia podemos encontrarlo en *Fernández Fernández, J.L. (2016)*.

Es fundamental reconocer que el buen gobierno corporativo en empresas familiares no solo implica la definición de reglas y normas específicas, sino también el establecimiento de una visión a largo plazo que integre la visión estratégica de la familia y la empresa con el bienestar de la comunidad en la que operan. Esto incluye aspectos como la sostenibilidad ambiental, la inclusión de la diversidad, la promoción del desarrollo local y la creación de valor compartido.

El gobierno corporativo en empresas familiares y familias empresarias es un tema de vital importancia que afecta tanto a la dinámica interna de estas organizaciones como a su papel en la sociedad. La pregunta esencial sobre hasta qué punto el modelo familiar influye en la naturaleza y los fundamentos de la empresa cobra relevancia en un contexto en el que la responsabilidad social corporativa y el impacto en la comunidad adquieren cada vez mayor importancia.

Al abordar este desafío es crucial alejarse de una visión estrecha y limitada del gobierno corporativo, que simplemente se centre en resolver conflictos internos y problemas de agencia entre los distintos actores de la empresa. Si bien estos aspectos son relevantes, no representan la totalidad del concepto de gobierno corporativo en el contexto de una empresa familiar.

El énfasis en la protección de los *stakeholders* garantiza una visión más amplia y sostenible del gobierno en las empresas familiares. Esto se alinea con los principios de responsabilidad social corporativa, donde las organizaciones buscan generar un impacto positivo en su entorno y contribuir al desarrollo sostenible de la sociedad. Además, esta perspectiva puede fortalecer la reputación y la confianza en la empresa familiar, lo que a su vez puede tener un impacto positivo en su desempeño y sostenibilidad a largo plazo. Los *stakeholders*, al sentirse involucrados y considerados en las decisiones empresariales, pueden convertirse en aliados estratégicos para el crecimiento y la prosperidad de la empresa.

Se propone un enfoque más integral y sostenible, centrado en la responsabilidad social. Al construir un sistema de gobierno para la familia empresaria y la empresa familiar en torno a este principio se busca establecer una cultura corporativa que trascienda las generaciones y esté alineada con los valores y propósitos de la familia fundadora.

Es fundamental reconocer que el buen gobierno corporativo en empresas familiares no solo implica la definición de reglas y normas específicas, sino también el establecimiento de una visión a largo plazo que integre la visión estratégica de la familia y la empresa con el bienestar de la comunidad en la que operan. Esto incluye aspectos como la sostenibilidad ambiental, la inclusión de la diversidad, la promoción del desarrollo local y la creación de valor compartido. Por ello, el gobierno corporativo en empresas familiares y familias empresarias no puede limitarse a una mera enumeración de reglas. Debe ser un proceso dinámico y en constante evolución que se apoye en la responsabilidad social como eje central y busque equilibrar los intereses de la familia con los de la sociedad en su conjunto. Al fomentar una cultura de buen gobierno y sostenibilidad, estas organizaciones podrán convertirse en verdaderos motores de progreso para el tejido industrial y social, contribuyendo positivamente al desarrollo y bienestar de la comunidad que las rodea.

La profesionalización de la gestión y la apertura a la participación de los distintos grupos de interés son también pilares fundamentales de este enfoque. Esto implica reconocer la importancia de la meritocracia y la capacitación continua para garantizar que los líderes y gestores, sean o no miembros de la familia, estén altamente calificados y comprometidos con los objetivos empresariales y sociales.

La construcción de un sistema conceptual sólido es esencial para definir los fundamentos de un buen gobierno corporativo en empresas familiares. Esto requerirá la colaboración y el diálogo entre expertos en gobernanza, miembros de la familia, accionistas, empleados y otros grupos de interés relevantes. Solo a través de un enfoque colectivo y participativo será posible desarrollar reglas y políticas que reflejen los valores y metas compartidas.

Por ello, el gobierno corporativo en empresas familiares y familias empresarias no puede limitarse a una mera enumeración de reglas. Debe ser un proceso dinámico y en constante evolución, que se apoye en la responsabilidad social como eje central y busque equilibrar los intereses de la familia con los de la sociedad en su conjunto. Al fomentar una cultura de buen gobierno y sostenibilidad, estas organizaciones podrán convertirse en verdaderos motores de progreso para el tejido industrial y social, contribuyendo positivamente al desarrollo y bienestar de la comunidad que las rodea.

FAMILIA EMPRESARIA, EMPRESA FAMILIAR Y VALORES

PABLO ÁLVAREZ DE LINERA GRANDA
Doctor en Derecho y en Economía, abogado y economista

P odemos definir a la familia empresaria, siguiendo la acepciones de familia que recoge el Diccionario de la Real Academia de la Lengua Española, como el grupo de personas emparentadas entre sí (ascendientes, descendientes, colaterales y afines de un linaje) que desarrollan en común una actividad empresarial. La empresa familiar sería, de esta manera, la entidad o grupo de entidades en las que la familia empresaria desarrolla en común la actividad empresarial. La característica fundamental de la familia empresaria en relación con la empresa familiar es la vocación de continuidad intergeneracional, esto es, el deseo de que la empresa familiar se mantenga en manos de los miembros de la familia empresaria durante generaciones, siendo el sustento de su vida profesional y posicionamiento social.

Esta aspiración de continuidad es legítima y puede ser defendida desde numerosos puntos de vista, si bien es especialmente destacable aquel que hace referencia al papel que las empresas familiares desempeñan en el sustento económico de las personas que habitan en las zonas donde se encuentran implantadas, así como en las evidentes dificultades de reconstrucción de un tejido industrial cuando este ha sido destruido. El mantenimiento de la empresa familiar en manos de la familia empresaria se ha demostrado que es una fuerza muy valiosa en relación con la consolidación del tejido empresarial allí donde estas empresas se encuentran.

Hay diversos mecanismos para garantizar el éxito de este proceso de continuidad intergeneracional, siendo necesaria la implementación conjunta de estrategias jurídicas y no jurídicas para la creación de un sistema de gobierno, independiente pero coordinado entre sí, que sea aplicable a la familia empresaria y a la empresa familiar.

Y para la creación de estos dos sistemas de gobierno interconectados es recomendación internacional de los códigos de buen gobierno para empresas no cotizadas y de familia el trabajar, especialmente en el seno de la familia empresaria, en relación con la historia, misión, visión y valores de la misma. Estos no serán opuestos obviamente, pero tampoco serán coincidentes con los de la empresa familiar. Fundamentalmente por un motivo, que es que el fin último de la familia empresaria y de la empresa familiar no es el mismo: siguiendo, entre otros, a Cortina (2013) y a Savater (2014), la finalidad de la familia empresaria es hacer felices a sus miembros, mientras que la finalidad de la empresa familiar es garantizar su rentabilidad para permitir su viabilidad. Considerando ambos sistemas (familia empresaria y empresa familiar), es la segunda la que debe estar al servicio de la primera, sin perjuicio de que la primera ha de ser respetuosa con el trato que le da a la segunda, de forma que la empresa familiar no pierda nunca el objetivo de la rentabilidad para el servicio de los miembros de la familia empresaria y de la responsabilidad con los grupos de interés con los que se relaciona.

Centrándonos específicamente en los valores, debemos decir que a los miembros de la familia empresaria les resulta difícil muchas veces concretar cuáles son sus valores en el ámbito de la institución familiar que es propietaria y gestora de una empresa. El concepto de valor es a veces demasiado abstracto para que sea fácilmente expresable y concretable por los miembros de la familia empresaria.

Existiendo diversas definiciones del concepto valor en el ámbito de los autores que, fundamentalmente desde la filosofía y la sociología, se han dedicado a su estudio, podemos sugerir el inicio del planteamiento del debate entre los miembros de una familia empresaria siguiendo, entre otros, a Rokeach (1973) para partir de establecer un conjunto de creencias fundamentales, consideradas como elementos esenciales de nuestra existencia, que deban ser proyectadas en los comportamientos de la familia empresaria, como institución que trasciende a cada uno de sus miembros. Cada uno de los valores que se identifiquen formarán el sistema de valores de la familia empresaria, en cuya concreción influirán de manera decisiva las generaciones más veteranas siguiendo la estela de las creencias fundamentales de la primera generación.

Actualmente vivimos un momento histórico que proclama el relativismo de los valores, identificándolo con la tolerancia con todas las opiniones. Para Weber (1973) son los valores, más que las razones, los que fundan y sostienen a las comunidades.

En la concreción de dicho conjunto de creencias hay que tener en cuenta la situación social actual. Debemos partir de la idea de que una familia es una sociedad de personas y, como toda sociedad, influenciada por el momento histórico en el que viven sus miembros. La identificación de valores de la familia empresaria también se producirá en relación con el contexto social.

Podemos observar algunas características definitorias del momento en el que vivimos y relacionar las mismas con la formación del sistema de valores de la familia empresaria:

El discurso constructivo entre miembros de una sociedad se ha visto debilitado. Se observa una falta de atención a las propuestas de los contrarios, siendo muy difícil el obtener consensos habituales, incluso en asuntos aparentemente poco trascendentes. No es inhabitual ver disputas insolubles entre miembros de las familias empresarias. Si a las dificultades de la relación humana entre los miembros de las familias agregamos el contexto social, ello nos sitúa en la necesidad de que las familias empresarias potencien el discurso constructivo entre sus miembros. La identificación de los valores que promueven dicho discurso, acompañada de la creación de instituciones vivas en el seno de la familia como el Consejo de Familia, permitirá convertir las ideas abstractas en comportamientos concretos.

Se puede apreciar una ruptura con el principio general que ha regido a las sociedades durante mucho tiempo, que era la prevalencia de la mayoría, con respeto a la minoría, habiéndose transformado en una voluntad de las minorías de imponer su criterio a las mayorías, no exigiendo el respeto a sus derechos, sino la prevalencia de sus posiciones. En este punto, las familias empresarias deben diseñar un sistema de valores que atribuya el valor que tiene a la mayoría, sin dejar de observar un respeto y consideración a las minorías. Y acompañarlo de medidas que permitan que, cuando la minoría no se alinee con la mayoría, pueda la primera salir de la familia empresaria de forma ágil y ordenada, sin menoscabo de los intereses comunes.

Se han relativizado las consecuencias de los actos personales, lo que hace que no se pueda hablar con facilidad de un marco moral universal, que incluya recompensas y sanciones, aplicables en función del comportamiento. Este enfoque relativista puede tener implicaciones significativas para la empresa familiar. Si los valores empresariales se consideran meramente convenciones cambiantes puede ser difícil establecer una base sólida para la cultura empresarial y la toma de decisiones éticas. Por lo tanto, la reflexión y el diálogo son esenciales para abordar las cuestiones morales en un mundo marcado por la diversidad de valores.

Se ha fomentado el individualismo, habiendo perdido fuerza la idea de que el hombre es parte de un todo. Ello ha debilitado el sentido de pertenencia a la familia empresaria y el de responsabilidad en relación con los demás miembros de la misma. En las sociedades modernas se confunde la libertad de pensamiento con la primacía del individuo aislado de su entorno social, sin considerar que la citada libertad de pensar debe estar orientada siempre a la mejora y al progreso en un marco de búsqueda del bien común. Decía Tocqueville (1835) que «en las sociedades democráticas cada ciudadano está habitualmente ocupado en la contemplación de un objeto en extremo insignificante, que es él mismo». Cuando la libertad individual es más importante que la comunidad, que el objetivo común, las sociedades se convierten en una amalgama desordenada de voluntades particulares. El sistema de valores de una familia empresaria que desee perdurar en el tiempo tiene que potenciar la unidad familiar, dentro del respeto a las características individuales de cada uno de sus miembros. Pero construyendo un fuerte sentido de pertenencia a la familia empresaria.

El individualismo hace olvidar que, siguiendo a Bloom (1989), «el nombre es un ser cultural, no es un ser natural. Lo que el hombre tiene por la naturaleza no es nada en comparación con lo que ha adquirido de la cultura». La familia empresaria puede proveer a sus miembros de esa cultura que enriquecerá las capacidades de cada uno. Los valores, individualmente definidos, y el sistema de valores que ellos forman debe crear la cultura de la familia empresaria. Y para ello es recomendable que los valores y el sistema se recojan por escrito y no simplemente que existan de forma implícita en las relaciones interpersonales de los miembros de la familia empresaria.

Se ha perdido de vista la lectura de los clásicos, lo que es fundamentalmente una muestra del desprecio al pasado y a la civilización que nos precedió. La pugna entre el pasado y el presente siempre ha existido y existirá. Pero podemos afirmar que en este momento histórico esa tendencia se ha acentuado, lo que influye sin duda en el marco de valores a definir por la familia empresaria. Por ello es muy conveniente trabajar en la historia de la familia empresaria. Por experiencia profesional en trabajos realizados con familias empresarias, la correcta descripción de la historia de las mismas y el compartirla entre los miembros genera mucha cohesión familiar y permite a los miembros jóvenes conocer muchos aspectos de su vida familiar que les resultaban desconocidos.

En la actualidad hay una decadencia de la familia. Dice Bloom (1989) que «la familia era el intermediario entre el individuo y la sociedad, proporcionaba uniones cuasi naturales más allá del individuo, confería a hombres y mujeres un interés ilimitado, por, al menos, algunos otros, y creaba una relación con la sociedad completamente diferente a la que tiene el individuo aislado». Pero debemos defender que la familia empresaria es el elemento fundamental de la dinámica social y económica de numerosas sociedades alrededor del mundo, que encarna valores, tradiciones y desafíos únicos que enfrentan en un contexto de polarización política, diversidad y cambios socioculturales. La familia ha desempeñado un papel fundamental en la transmisión de valores y tradiciones de generación en generación. Los padres y abuelos transmitían conocimientos, creencias y prácticas familiares a sus descendientes, contribuyendo así a la cohesión cultural y social. La familia empresaria puede desempeñar un papel crucial en la promoción de valores compartidos y la construcción de una comunidad empresarial sólida. Al mantener un enfoque en la ética y la responsabilidad social pueden actuar como un contrapeso a la tendencia hacia la individualización extrema.

La familia empresaria tiene la oportunidad de transmitir valores empresariales y éticos a las generaciones futuras. Esto implica, no solo enseñar habilidades empresariales, sino también inculcar principios éticos sólidos que guíen las decisiones empresariales y personales.

En este sentido, la educación en valores empresariales puede ser un activo valioso para la empresa familiar. Al cultivar una cultura empresarial basada en la ética y los valores, la empresa familiar puede fortalecer su reputación y su capacidad para atraer y retener a empleados talentosos y clientes leales.

La mejor manera de aceptar la existencia de valores eternos es asomarse a la respuestas que los seres humanos debemos dar a los desafíos de la vida actual. La naturaleza humana parece continuar siendo la misma en nuestras muy alteradas circunstancias porque seguimos enfrentándonos a los mismos problemas que nuestros antepasados, bajo aspectos diferentes, y tenemos la necesidad, característicamente humana, de resolverlos, aunque se hayan debilitado nuestra conciencia y nuestras fuerzas. ¿Quién de nosotros no ha visto reflejadas sus encrucijadas actuales al leer a Platón o a Shakespeare?

La familia empresaria representa aspectos fundamentales de la sociedad contemporánea. Encarna valores y tradiciones que pueden ser tanto un activo como un desafío en un mundo marcado por la polarización política, la diversidad y el cambio cultural. La educación en valores empresariales puede ser especialmente relevante para la empresa familiar, al cultivar una cultura empresarial basada en la ética y los valores.

La familia empresaria y la empresa familiar tienen la oportunidad de actuar como intermediarias entre el individuo y la sociedad, promoviendo valores compartidos y contribuyendo a la cohesión cultural y social. En un mundo marcado por el relativismo de valores, la reflexión y el diálogo son esenciales para abordar las cuestiones morales y éticas en un contexto diverso.

En última instancia, la familia empresaria y la empresa familiar enfrentan desafíos significativos en el panorama actual, pero también tienen la oportunidad de desempeñar un papel constructivo en la promoción de valores y principios fundamentales en una sociedad en constante evolución. Al hacerlo, pueden contribuir positivamente a la construcción de un mundo más ético y cohesionado en el siglo XXI.

TECNOLOGÍA E INTELIGENCIA ARTIFICIAL PARA UN NUEVO HUMANISMO

JOSÉ LUIS FERNÁNDEZ FERNÁNDEZ

Director de la Cátedra Iberdrola de Ética Económica y Empresarial, Universidad Pontificia Comillas

Los reunidos en Dartmouth aquel verano de 1956 tuvieron, entre otras, la genial ocurrencia de poner en circulación el rubro Inteligencia Artificial, llamado a conocer gran éxito con el transcurrir de los años. Al paso que con ello quedaba rubricada la partida de nacimiento de toda una disciplina científico-técnica, desde aquella vigorosa metáfora se apuntaba a la esencia de sus aspiraciones intelectuales. Todavía resultaban un tanto vagas e imprecisas, pero aquellos intrépidos organizadores del seminario sobre Inteligencia Artificial -Marvin Minsky, John McCarthy y Claude Shanon- demostraron estar dispuestos a pensar a lo grande *-big thinking-* y sin cortapisas mentales, dando entrada a un recio viento de innovación del que aún no hemos sentido sino las primeras brisas.

Ahora bien, como va dicho, haber acuñado oficialmente la noción de Inteligencia Artificial constituía, antes que nada, una clara licencia poética; representaba un recurso literario muy bien traído; resultaba ser una sugerente manera de hablar, que hacía uso de un feliz símil: significaba, en suma, una forma vanguardista y creativa de proponer, desde la analogía, un nombre con el que bautizar a una criatura, aún nonata, cuando aquella no pasaba de ser sino un proyecto de científicos soñadores. Una propuesta capaz de hacer que, como en el juego del mus cuando se pasan los duples, quienes lo oyeron por vez primera hubieron de levantar las dos cejas a la vez, diciendo para su capote: «¡Marchando otra de ciencia ficción!… ¡Y oído, cocina!»

Porque, propiamente hablando, inteligencia, lo que se dice inteligencia, solo la tenemos los seres humanos. Sin prurito alguno de jactancia -porque ¡tampoco es para tanto!, dado que, de sobra lo sabemos, somos frágiles y vulnerables, y nuestra capacidad intelectiva es limitada, contingente, hiperbólica y falible *a radice*-, el hecho objetivo es que somos los únicos seres ontológicamente dotados de aquellas estructuras lógicas y noéticas. Unas características que nos singularizan y distinguen del resto de seres vivos: de los animales, por debajo y de los espíritus puros -ángeles y divinidades- por arriba. Unos rasgos antropológicos que nos configuran, precisamente, como sujetos capaces de intelección. Esto es: de leer dentro, que eso es lo que literalmente significa en latín la combinación del adverbio *intus* -dentro de- y el verbo *legere* -que se vierte al castellano por leer. O sea, que la inteligencia constituye una característica esencial del hombre -en sentido específico se dice: del hombre y de la mujer: de las personas humanas-; del ser que es capaz de pensar; de tener un conocimiento reflejo de lo real en cuanto real; de leer dentro y de extrapolar más allá de lo inmediatamente captado por los sentidos. Pero, se me podría preguntar: «De leer ¿qué?... ¿Qué es lo que se lee?». Y, además, «¿dentro de dónde? ¿Desde dónde se procede a dicha lectura?».

Por hacer el cuento corto, diremos que se trata de leer lo que de universal se evoca a partir de lo concreto. Pongamos un ejemplo: ante mí tengo este vaso de agua fresca pero bien pudiera tener aquel otro vaso con sidra. Uno u otro me llegan a través de la vista y del tacto: los aprehendo, los capto mediante los sentidos. Unas disposiciones con las que vengo dotado -de serie, diríamos, usando el símil manufacturero- por la naturaleza, en función de mi esencia humana. Ahora bien, ¿cómo es posible que, partiendo de aquella simple aprehensión, acierte uno a pasar desde los objetos concretos al concepto universal de vaso, predicable de cualquier recipiente de vidrio que se use para beber, siendo así que lo que percibimos es siempre algo meramente singular y concreto -este vaso-; y que, por lo demás, no hay sentido alguno -vista, oído, gusto, tacto- capaz de captar la realidad universal «vaso»?

La respuesta, formulada si se quiere en clave de hipótesis, parece nítida: si, a partir de los sentidos, inteligimos, cabe suponer que además de sensibilidad tenemos inteligencia; esto es, algo humano, demasiado humano -*allzumenschliches,* que decía Nietzsche-, exclusivamente humano; algo espiritual y, nunca más propiamente dicho, conectado con una dimensión metafísica y ultra biológica del ser humano personal. Cómo es que esto pueda tener lugar constituye un intrincado asunto en el que no podemos entrar en este momento. Plantea un problema apasionante a cuyo intento de resolución han dedicado mucho esfuerzo y energía algunas de las mentes más lúcidas y preclaras de la humanidad a lo largo de toda la historia del pensamiento.

Dicho lo anterior, avancemos en nuestro discurso formulando tres tesis y extrayendo un par de corolarios que nos sirvan de marco de referencia para situarnos ante estas nuevas realidades con ánimo positivo y desde una actitud lúcida y bien discernida. Buscamos con ello, ante todo, conjurar un doble peligro que observamos a nuestro alrededor con más frecuencia de la deseable.

De una parte, el que -como si se tratara de una Escila hodierna- vendría representado por el riesgo de quedar -¡como tantos otros!- fascinados de manera ingenua, acrítica y apresurada por las evidentes bondades y los múltiples e innegables beneficios que el desarrollo de la Inteligencia Artificial podría llegar a traer consigo para la humanidad en su conjunto… Naturalmente, siempre que se la orientara hacia valores morales y se la pusiera al servicio de toda la persona y de todas las personas.

El otro escollo que habría que evitar, opuesto a este de la tecnofilia, sería el de aquella suerte de tecnofobia irracional, rayana a veces en lo patológico, propia de una narrativa catastrofista y desesperanzada. Vendría a constituir un discurso próximo a una Caribdis todavía más formidable que aquella otra, legendaria, con la que hubo de vérselas el hábil patroneo de Ulises rumbo a Ítaca. Y, ciertamente, el miedo está justificado: brota, por ejemplo, del susto que produce una potencial y polimórfica cibercriminalidad cada vez más sofisticada e innovadora; y, sobre todo, de los riesgos que lleva consigo el permitir que el desarrollo, el liderazgo y la gestión de la Inteligencia Artificial acabe en manos de personas sin escrúpulos morales ni valores éticos de ningún tipo.

Enunciemos las tres tesis y los dos corolarios prometidos. Sin espacio para desarrollarlos, dejamos al lector reflexionar por su cuenta, a partir de las afirmaciones que formulamos a continuación:

Primera tesis: la Inteligencia Artificial es un producto humano y, como tal, puede ser utilizado para bien, lo mismo que podría serlo para hacer el mal.

Segunda tesis: la Inteligencia Artificial en su actual estado –y, con toda probabilidad, aún más en el futuro– está siendo capaz de producir humanidad, no solo porque transforma civilizaciones y culturas, sino porque, incluso, podría dar lugar a la emergencia de nuevas entidades trans o posthumanas.

Tercera tesis: la Inteligencia Artificial –como realidad objetiva, que es, con sus características y virtualidades, sus mecanismos y sus modos de despliegue– constituye un fenómeno que debemos tratar de comprender a fondo. Para ello se requiere un abordaje multidisciplinar que, yendo más allá de una perspectiva tecnológica y exclusivamente económico-empresarial, propia del relato tecnocrático, tome en consideración otras voces igualmente necesarias. Tales como las de la política, la jurídica y la ética.

Corolario primero: la conciencia ética y el razonamiento moral con vistas a un ejercicio prudente y bien discernido de la libertad humana siguen constituyendo elementos absolutamente imprescindibles ante las posibilidades que el desarrollo de la Inteligencia Artificial nos ofrece.

Corolario segundo: todos los ciudadanos, en cuanto dotados de Inteligencia Natural –y de manera analógica, también las organizaciones y las empresas– tendrían por ello una voz que decir y una actitud que tomar a favor de lo humano y de un uso responsable de la Inteligencia Artificial.

Desde las tesis y corolarios que acabamos de exponer cabría llevar a efecto una aproximación al fenómeno desde una actitud razonablemente optimista y abiertamente dispuesta a seguir apostando por la humanidad y por lo humano, en busca de un nuevo humanismo, a la altura de los tiempos que nos está tocado vivir. Habría que hacer, para ello, necesariamente un uso inteligente –y ético–, no solo de la Inteligencia Artificial, sino también de cualquier otro adminículo conexo con la digitalización y la denominada Industria 4.0. Tales serían, por caso, tecnologías tales como la representada por la fabricación aditiva, la de las realidades virtual y aumentada, el Internet de las Cosas, la robótica, el *Big Data* o el *blockchain*… entre otras.

En todas ellas encontramos sin duda retos formidables –advirtamos que, en latín, *formido-nis* significa «miedo»–; pero, al propio tiempo, anidan también en ellas posibilidades inauditas para el bien y la mejora de la condición humana. Con voluntad firme, claridad en las opciones y la decisión perseverante de empeñarse por el bien común y al servicio de lo humano, es posible soñar con que podamos llevar a efecto avances significativos en el camino del progreso hacia aquellas grandes metas que debieran concitar la adhesión de todas las personas de buena voluntad. Porque, pese a la evidente falta de liderazgo a escala universal y lamentando el hecho de que aún esté el género humano lejos de aprender a convivir en paz –Ucrania e Israel son no más que el epítime dramático y más grave de lo que ocurre en múltiples otras latitudes–, no procede caer en la desesperanza. Máxime cuando constatamos cómo se va generalizando un discurso a favor de la lucha contra la miseria; de la búsqueda de una igualdad acorde a la dignidad de las personas; una apuesta por la salud y la educación universal como modos de facilitar el despliegue de las capacidades personales y del florecimiento personal.

Si aceptamos –como es el caso de quien suscribe– la sabiduría de aquellos versos machadianos con los que don Antonio nos advertía en Campos de Castilla: «…¡hombres de España, ni el pasado ha muerto/ ni está el mañana –ni el ayer– escrito!»; digo que si damos por buena la tesis –como es mi caso– no nos queda otra, sino la de tratar de aprovechar la tecnología para el bien, poniéndola al servicio del hombre. No olvidemos que, al fin y al cabo, según indicamos, es el hombre el que la produce y en cuya mano está seguir siendo quien la pilote hacia destinos que él debiera fijar, tal vez mediante un diálogo responsable, abierto a múltiples interlocuciones, creativo y orientado desde la ética hacia una axiología abierta a la captación y propuesta de valores sólidos por los que merezca la pena empeñar los esfuerzos.

Si bien es verdad que un desarrollo tecnocientífico –cuando se lo convierte en un fin en sí mismo y se lo inmuniza ante consideraciones éticas y axiológicas– tiende a la auto referencialidad y acaba resultando manipulador, con lo cual en modo alguno habrá garantía de que aquel despliegue tecnológico redunde en un auténtico progreso humano y en un verdadero avance histórico, no es menos cierto que la tecnología ofrece también un incontestable potencial emancipador. Por ello, si se saben aprovechar para bien las posibilidades que los adelantos tecnológicos ponen en nuestras manos, cabría también avanzar con paso firme y creativo hacia más elevadas cotas, tanto de bienestar material, cuanto incluso de crecimiento humano y espiritual.

EL IMPACTO DE LA IA EN LA MENTALIDAD DE LAS PERSONAS (I)

JUAN BENAVIDES DELGADO

Catedrático emérito de Comunicación de la Universidad
Complutense de Madrid

En mi último artículo terminaba una serie de breves reflexiones sobre la complicada situación social y mediática que experimentamos los españoles[56]. Ahora es el momento de hablar más sobre las exigencias, especialmente las que supone la Inteligencia Artificial (IA), como un reto a la realidad cotidiana de las personas y sus posibles efectos en el medio plazo.

En efecto, la IA busca a los propios usuarios en unos contextos sociales muy complejos, que no solo están cambiando cosas, sino, lo que es más importante, transformando la sociedad y nuestro propio entorno. Esta realidad supone un riesgo para una sociedad en una profunda crisis de valores, una sociedad sin argumentos propios frente a una supuesta Inteligencia Artificial que parece actuar exclusivamente por su propio interés. Porque la IA se ha presentado en la sociedad española repleta de arrogancia política y soberbia económica, con unos ciudadanos con permanentes dificultades para comprenderla.

 Con respecto a la Inteligencia Artificial y al hecho del conocimiento de la realidad y de lo que es la persona humana, nos encontramos con una infinidad de debates que, a mi juicio deberíamos ponderar y aclarar. Una cosa es el uso de la tecnología o la resolución de problemas, y otra la importante deriva de todo ello en la forma de comprender el mundo; una cosa es la práctica instrumental y otra la mentalidad e idea del mundo[57]

---

56   Recogido en https://diarioresponsable.com/opinión/34987-nuevo-humanismo-o pro-funda-crisis

57   Ver, por ejemplo, el magnífico libro de J. Gaos, *Historia de nuestra idea del mundo* (1973), F.C.E. México.

que forjamos con ella. Ahí está precisamente el primer problema con el que ya nos enfrentamos los ciudadanos al hablar de la IA.

La primera opinión que deriva de lo dicho es que en esto del conocimiento, el método en la ciencia no lo es todo. Debemos tener en cuenta que en la vida y el progreso del conocimiento también están presentes la ocurrencia, la creatividad y la sencillez; incluso cabe hasta la propia gratuidad de la actividad humana en sus consecuencias, es decir, la propia mentalidad de las personas. De esto han hablado mucho los filósofos de la ciencia: cuando la persona se pone a pensar o a juzgar su comportamiento y la realidad que la rodea, pone en relación aspectos tan diversos como la cultura, personalidad y creencias y un montón de cosas más. Eso es precisamente la mentalidad, algo en el que la ciencia tiene su sitio, pero solo un lugar entre otros. Ortega (1968, pp. 19, 23-24, 42, etc.), al que acostumbro a recurrir, nos hablaba con mucha claridad de la distinción entre ideas y creencias; con las ideas hablamos, discutimos y combatimos en su favor o en su contra, pero con las creencias no hacemos nada, simplemente estamos en ellas porque no podemos vivir sin ellas; eso es lo que conforma las mentalidades, que personalmente distingo y separo de la ideología.

Por eso mismo, la mentalidad es muy voluble y frágil frente a los agentes externos con los que interactúa, porque está instalada en ese continente de las creencias que nunca cuestionamos, pero de las que incluso tampoco sabemos mucho. El principal y peor enemigo es el uso populista que hace de esto la ideología[58]. Voy a poner un ejemplo. Con la IA se está produciendo un fenómeno similar al que se produjo con el descubrimiento científico del Big Bang, a principios del siglo XX. Los avances de la ciencia se trasladaron a la mentalidad de la sociedad, interaccionando con sus imaginarios y construyendo con todo eso el éxito de la ciencia de aquellos años; pero al tiempo se crearon verdaderos monstruos. Con el reconocimiento de la cosmología, la enorme eclosión de la física teórica desarrolló la posibilidad de que el

---

58   En la actualidad se ha producido una importante evolución de la noción de ideología. En su origen, se definía la ideología como un sistema de imágenes, ideas, principios, etc., (F. Chatelet, 1978), pero, en la actualidad se utiliza una noción muy difusa y equívoca de ideología que se explicita en un discurso abstracto de ideas y representaciones sociales de contenidos nunca definidos, que utiliza el populismo y el oportunismo político –de derechas o de izquierdas– de forma recurrente.

universo tuviera un principio y un final, y esta realidad derivó en el fin de la eternidad de la materia (la quiebra del materialismo científico) y la consolidación de la idea de un origen y un final del universo.

En efecto, hubo múltiples debates de todo tipo, pero al final lo importante es lo que el Big Bang trasladó a la mentalidad e ideología de las personas y a la propia gestión política de la sociedad europea, algo que produjo resultados penosos. Lo hemos podido comprobar con los crímenes nazis y las purgas estalinistas (Michel-Yves Bollorté & O. Bonnassies (2023, pp.123-176). El motivo no fueron el conocimiento y el éxito de aquellos avances científicos, sino las consecuencias políticas que, la ideología de unos y la ambición de otros convirtieron en la vergonzosa excusa para acceder al poder. La ignorancia de la práctica totalidad de las personas, y la arrogancia y ambición de poder de los políticos derivó en millones de muertes, asesinatos e injusticias que cubrieron más de treinta años el suelo europeo. ¿Puede suceder algo parecido con los avances y retos de la IA?

No se puede confundir y menos todavía minimizar lo que significa el traspaso de los avances científicos a la mentalidad y creencias de las personas. Debemos aprender de nuestros errores y aprender lo que significa la IA, los magníficos avances que proporciona y los riesgos ocultos que no manifiesta y puede producir. Pues bien, más allá de cuestiones técnicas, lo primero que realmente plantea la IA son cuestiones de naturaleza general derivadas del uso de la propia tecnología, no de lo que todo ello pueda significar y derivar en la práctica. Son dos cuestiones que sin duda interaccionan, pero hay que saber separarlas en punto y forma. No podemos utilizar el uso de algo en una ideología como están haciendo algunos científicos y muchos políticos en España con la IA. Por eso, la ideología es otra cosa, más oculta y, por ende, más peligrosa, que en este caso se vale de aquella.

En unos comentarios de hace unos pocos años, un joven científico, Maarten Boudry, titulaba sus reflexiones sobre el conocimiento con una pregunta: ¿hemos llegado a los límites del conocimiento?[59] En

---

59   Recuperado   en   https://theconversation.com/hemos–llegado–al–limite–del–cono-cimiento–125248?utm_source=facebook&utm_medium=bylinefacebookbutton&fbclid=I-wAR3zQH_sRsSH55mgmAvsDYt66moXAt3HiIdvAQw1eqSg13Gnqnaxtl1M_ps

aquellos comentarios reflexionaba sobre la capacidad de la ciencia para responder a todos las preguntas que se formulaba y escribía que el cerebro humano es fruto de una evolución ciega y no guiada. Se diseñó para resolver problemas prácticos relacionados con nuestra supervivencia y reproducción, no para desentrañar el tejido del universo. Esta revelación ha llevado a algunos filósofos a asumir una curiosa forma de pesimismo, argumentando que, inevitablemente, hay cosas que jamás entenderemos, por lo que algún día la ciencia humana llegará a un límite infranqueable, si es que no lo ha alcanzado ya (ibid). Dejando a un lado lo de la «evolución ciega y no guiada en el universo», que es una afirmación cuando menos discutible, creo que lo importante de este comentario reside más en el hecho de que el cerebro humano no está para desentrañar el tejido del universo, lo cual no es del todo cierto cuando la mentalidad de una persona se alimenta y se construye de ideas, valores y grandes sistemas de creencias que hablan inevitablemente de todo eso, también del universo. Por eso solo cabe aceptar que habrá siempre preguntas incontestables y otras que se pueden contestar y no hacer de ello una cuestión inaceptable y sin solución; porque, en efecto, habrá siempre preguntas que no tienen otra referencia que el propio misterio. Estimo que formo parte de lo que el autor, que acabo de citar, entiende como pensadores misterianos. Pero no comparto la comprensión de lo inexplicable para este científico arriba referenciado. Según comenta Baudry, los misterianos suelen plantear la cuestión de los límites cognitivos como una clara dicotomía: o podemos resolver un problema, o nos desafiará para siempre. Llegará un momento en que la investigación humana se estrellará de pronto contra un muro de ladrillos metafórico, tras lo cual estaremos condenados a mirar para siempre hacia un vacío de incomprensión (ibid.). La filosofía me ha enseñado que el misterio no es un muro de incomprensión, sino todo lo contrario; incluso puedo llegar a pensar que es la propia ciencia la que no acepta lo incomprensible porque queda excluido de la metodología que utiliza y también de la propia ideología y mentalidad que, inevitablemente, sustenta.

A mi modo de ver aquí reside uno de los problemas que debemos evitar frente a lo que es, supone y propone la IA. Por eso decía al principio: la necesidad de separar y poner en la mejor relación una cosa y otra; en este caso, el de la tecnología y la mentalidad de las personas. El verdadero conocimiento se construye en ese doble contexto interactivo, no reside en un solo sitio. No debemos olvidar esta realidad, porque es realmente la que construye y deriva en problemas. La prueba de lo que digo está en la política o en los medios de comunicación, que hablan de ciencia, cuando en realidad se sitúan exclusivamente en la ideología oportunista y no en la mentalidad de las personas. Este es precisamente lo primero que tenemos que discernir –y normalmente no hacemos– frente a la IA, lo que es en su uso, sus efectos, y lo que supone como posibilidad.

El motivo de la importancia de la mentalidad indica el nivel de relevancia de los avances y, especialmente del uso ideológico de la IA, tanto en sus aplicaciones como en sus efectos, todavía poco conocidos por la mayoría de las personas. Recientemente, S. Zamagni[60] ha comentado algo que interesa a mis planteamientos. En primer lugar, para este pensador existen tres importantes y preocupantes antecedentes en el origen de la IA: la ética utilitarista (la dependencia de lo útil que resulta la IA para la vida cotidiana y profesional), el globalismo (la globalización deriva en un globalismo ideológico) y el individualismo extremo o singularismo. Todo esto parece estar conduciendo a una sociedad sin esperanza y de muerte; una sociedad que, al tiempo que se resquebraja, va matando a las personas (A. Case & A. Deaton, 2020). Sin duda, este conjunto de riesgos son los que utiliza el populismo ideológico sin hablar de consecuencias; y son los que debemos analizar para comprender lo que significa la propia IA y los orígenes determinantes para nuestra forma de pensar.

Si atendemos a estos orígenes y posibles efectos, la IA puede ser algo importante, pero al tiempo extremadamente grave incluso para la continuidad de la propia democracia. No hay duda de la riqueza que representa el avance tecnológico, pero debemos atender a lo que los mismos avances suponen en el contexto de la propia sociedad y el alcance de sus efectos, algunos de los cuales cuando menos resultan muy inquietantes. No se pueden aceptar los postulados de aquellos que consideran que todo volverá a su cauce con el tiempo o que hay

---

60   Recogido en https://tv.comillas.edu/media/«Innovación+y+desarrollo+del+talen-to+para+la+Inteligencia+Artificial»+Cátedra+Iberdrola+De+Ética+Económica+Y+Empre-sarial+19–10–2023/1_ojuypnvj/65902871

que acelerar la digitalización de la sociedad. Esas dos posturas son nuevamente la estrategia del populismo ideológico que los políticos y algunos economistas alientan, normalmente por ignorancia y reducen equivocadamente a la IA a ser una simple herramienta. Soy más partidario de dar tiempo a las cosas y atender los hechos que se producen, las incoherencias y contradicciones de una vida cotidiana sumida en el desconcierto y la volatilidad. Quizá sea preferible rebuscar en la ética y el humanismo que queda en nuestras mentalidades y ver qué aspectos hay que mantener, redefinir y defender. De eso me ocuparé en el artículo siguiente.

EL IMPACTO DE LA IA EN LO QUE SOMOS COMO SOCIEDAD (II)

JUAN BENAVIDES DELGADO

Catedrático emérito de Comunicación de la Universidad Complutense de Madrid

Las transformaciones sociales se producen sin darnos cuenta; empiezan en el ámbito de la mentalidad de las personas y terminan en los propios hábitos y formas de vivir. Todo ese proceso pasa desapercibido. Esto es lo que ha venido a suceder con la tecnología y la IA, que está transformando, no solo creencias de siglos, sino la propia comprensión de la vida cotidiana; lo comentaba inicialmente en mi anterior artículo hablando de las mentalidades[61]. Por eso en este segundo artículo voy a procurar destacar el hecho de que la tecnología y la IA ya tienen presencia e impacto en la propia vida social.

La IA no es solo una cuestión de uso –cuyo éxito y riqueza nadie oculta–, sino un impacto y transformación de nuestra comprensión de lo que somos como seres humanos en nuestra vida diaria. ¿Qué significa esto? Esta pregunta no se refiere a una cuestión de oficio sino a otra cosa muy diferente; es una pregunta donde interviene el tiempo, formas de hablar y de comportarse, y apunta a las consecuencias de su uso y de lo que este puede significar respecto a lo que somos. La IA no es un oficio, y tampoco se reduce a saber utilizarla; está empezando a ser una forma diferente de pensar lo humano y el comportamiento social. Voy a procurar determinar, a modo de breve historia de un proceso, algunos aspectos importantes de la forma en que lo digital y la IA han ido introduciéndose en nuestra sociedad para ir perfilando, con sus principales protagonismos, toda la vida social.

---

61   Ver https://diarioresponsable.com/redponsable/jbendelgado

Cuando comenzó en España el arranque de Internet, hace ya más de dos décadas, sucedió algo parecido a lo ocurrido con los cambios sociales de los años sesenta del siglo pasado. En efecto, Internet se difundió en los medios como una especie de movimientos de ruptura con lo establecido con la aparición constante de nuevas aplicaciones y nuevas formas del uso de la técnica. A pesar de las observaciones de algunos autores, Internet se convirtió en un culto a la novedad y al protagonismo exagerado por parte de algunos de la llamada nueva disrupción: desprecio por la jerarquía y la autoridad, como consecuencia de las ideas contraculturales de los pioneros de Internet (A. Keen, 2016, pp. 17 y 295). Aquel intento se dirigió fundamentalmente contra lo que ciertos escritores entendían como la base de las creencias del conjunto de la sociedad de aquel momento, porque ¡el sistema no quiere que la gente crea!... pues cuando se cree en una idea se puede creer en otra, por ejemplo, en su opuesta (B. Sansal, 2016, p. 26). Lo digital perseguía la estandarización de unas lógicas y comportamientos determinados en contra de la autoridad vertical establecida.

Esa estandarización ha conducido al aumento del uso de determinadas aplicaciones, algunas apenas percibidas y otras llamativas, como el papel del móvil en el día a día. Un primer objetivo observado: conseguir que todos los ciudadanos utilicemos la tecnología e, incluso, que pensemos y nos comportemos en la vida cotidiana de forma cada vez más parecida, al menos respecto a su utilidad. Esto se consigue con la normalización de esta idea, que sin duda fue impulsada a través del conocimiento del dato y su difusión a la hora de explicar los hechos. En este punto, la tecnología expresa su gran éxito y protagonismo; porque, además de la rapidez, su fácil utilización permite la reducción de palabras y homogeneidad en la interpretación de los contenidos, lo que permite un mayor acercamiento a los significados que normaliza la sociedad y posibilita que los macrodatos determinen una cierta vuelta atrás al control de la agenda por parte de los medios y con ello al control de la opinión pública. En el fondo se escucha lo que se quiere oír sin ser aquellos datos en absoluto cuestionados. Pero la verdad de todo eso es que se aplican de modo constante dos mecanismos desconocidos o falaces en la construcción de la información: se desconoce cómo se cruzan y gestionan las variables que definen los contenidos, y se desconocen también los objetivos de poder o los modelos de legitimación de negocio o estrategia comunicativa que persiguen los grupos de comunicación con el uso de esos datos.

Este segundo objetivo de mano de la tecnología define la convicción de muchos ciudadanos e investigadores, según la cual las nuevas verdades que proporcionan los datos son una gran mentira. La verdad se atomiza y los datos la convierten en falsas verdades que vienen a sustituir a una verdad que al final desaparece. Es lo que algunos llaman el suero de la verdad digital; se dice una cosa y se hace la contraria: la verdad sobre el sexo, la verdad sobre el odio y el prejuicio, aumentar el odio como reacción que busque la paz y la reconciliación, la verdad sobre Internet, sobre al abuso infantil y el aborto, la verdad sobre las palabras, etc. (Stephens-Davidowitz, 2019, pp. 115, 119, 122, 137,153 y ss., etc.). Nos encontramos frente a lo que algunos autores definen positivamente con la palabreja «documedialidad», que expresa el hecho según el cual se ponen en circulación innumerables documentos de forma atomizada, donde cada receptor es al mismo tiempo un productor y un transmisor. La «documedialidad» describe la ontología social contemporánea (Ferraris, M, 2019 pp. 70 y 112).

Este proceso termina con el definitivo protagonismo de las máquinas, no solo en los medios de comunicación, sino en la vida cotidiana de las personas. Es así cuando el singularismo transhumanista del sujeto hace su aparición. El ser humano deberá acercarse a las máquinas para que estas lo igualen y en breve tiempo superen a las personas, porque piensan mejor y más rápidamente que ellas. Cuanto más sofisticada se va haciendo la tecnología, mayor es la rapidez con la que mejora. Al final, la vida biológica terminará siendo absorbida por la tecnología; las máquinas superarán a sus creadores y los asuntos humanos podrían no continuar como los conocemos. Es la sustitución absoluta de la persona humana tal y como la conocemos por otra cosa. Incluso, con estos postulados, los transhumanistas introducen un nuevo concepto: la trans-religión, que viene a ser algo transversal a todas las religiones (O'Conell, 2019, pp. 87,84, 195 –198, etc.).

Esta breve historia expresa un desarrollo, una progresión en el conocimiento y el modo de comprender la realidad por parte de las personas. Unos cambios que pueden llegar a los extremos transhumanistas de sustituir al hombre; una transformación que reduce la complejidad y creatividad de la experiencia humana a un modelo simplista propio del empirismo instrumental. Este proceso de más de treinta años, que he procurado resumir en tres etapas fundamentales, expresa lo que a juicio de muchos se ha producido ya en las diferentes mentalidades de la sociedad. Pero realmente los problemas se objetivan y profundizan de forma evidente con el desarrollo y el protagonismo de la IA. Algo comenté en el artículo anterior, pero en este momento sí puedo confirmar lo que digo con dos palabras: utilitarismo e individualismo extremo. El protagonismo absoluto del sujeto individual y el utilitarismo pragmatista que parece que se ha aceptado como la forma más adecuada de comprender y definir la ética en la vida de las personas.

Estos procesos de cambio que han producido la tecnología y los propios planteamientos teóricos de la IA ya ha permitido la entrada de nuevas ideas con nuevos contenidos, que están perfilando al mismo tiempo nuevas formas de comprender el conocimiento. Este aspecto es de enorme importancia, porque requiere que la sociedad disponga de las herramientas necesarias para llevar el mejor argumento a la mejor solución de los problemas. Esas herramientas se relacionan directamente con el hecho de definir y edificar los principios que deben regular cualquier tipo de comportamiento. Sin embargo, en la actualidad debemos preguntarnos por el tiempo disponible, porque la rapidez evolutiva de la tecnología no la tiene la persona humana, si además incluso experimenta unas circunstancias poco aconsejables. Porque, en este sentido, ¿de qué contenidos y circunstancias estoy hablando?

A mi modo de ver, la IA ha introducido sin duda algunas importantes líneas de contenido. Acabo de comentar lo del singularismo y la ética instrumental, cuyo alcance y límites son bien conocidos en el ámbito de la filosofía. Nadie discute que el uso de la tecnología facilita la vida de los individuos en algunos aspectos y, sin duda también, en el ámbito de los saberes experimentales. Es indudable este avance de la tecnología. Pero esto no significa que estos éxitos estén siempre bien dirigidos al conjunto de la vida de las personas. Y ello es así porque la IA afecta a las propias formas de comprender lo que significa lo humano y la sociedad en su conjunto. ¿Qué hay detrás, en términos de principios y creencias, del singularismo y de la propia ética instrumental? ¿Hay algo mucho más que un egoísmo centrado en el corto plazo y un concepto pragmatista y utilitarista de la vida? Porque, en efecto, en la sociedad falta cultura para la reflexión: Si la emoción prevalece sobre el pensar, ¿dónde queda la persona? ¿Es lo mismo hablar de yo que hablar de la persona? ¿A quién sirve más la IA: al yo del mejor adaptado o con más recursos o al conjunto de la sociedad? ¿Qué sucede con las nuevas adicciones tecnológicas? Si la automatización de la vida nos da más tiempo para hacer otras cosas, ¿en qué podemos ocupar el tiempo: al entretenimiento o a profundizar en lo que significa la responsabilidad y la interacción futura entre las personas? ¿Cómo desarrollar estas preocupaciones en los procesos formativos y educativos en un contexto mediático cada vez más preñado de un vacío normalizado? ¿Qué sucede si la computación evita o desplaza la creatividad humana?... Estas cuestiones, y otras muchas, se refieren directamente a lo que significa la propia vida social; porque estos contenidos, a veces muy poco definidos, tienen todavía menos respuestas claras y precisas.

A mayor abundamiento, todavía algo más. La importancia del reto que supone la IA aumenta cuando la sociedad, que es la que debe asumir y digerir las transformaciones planteadas, se encuentra desasistida de principios y especialmente dotada de estructuras institucionales carentes de la suficiente autoridad moral. No debemos olvidar que en la actualidad muchas veces el ciudadano está desarmado porque el populismo político ha quebrado en la vida pública española estructuras y principios de años de vida, porque los medios de comunicación no informan sino que entretienen a las personas con un lenguaje pobre y absolutamente vacío de contenidos. Las nuevas categorías de la corrección política, utilizadas en los últimos años en España por el llamado progresismo igualitario, han vaciado de significado los principios necesarios para una actividad política transparente y honesta y está haciendo lo mismo hasta con la propia democracia y el modo de vivir del ciudadano. Cuando esto sucede es cuando se deben poner sobre la mesa alguna de las grandes cuestiones que parecen haberse olvidado y que, a mi juicio, dan sentido a la alarma de mis palabras. De todo este conjunto de problemas hay un tema crucial que emerge del conjunto y que entiendo es clave en la verdadera comprensión de la persona humana frente a los profundos retos de la IA. Me refiero al tema de la maltratada dignidad humana. De esto me ocuparé en el próximo artículo.

EL IMPACTO DE LA IA EN LA COMPRENSIÓN DE LA PERSONA HUMANA (III)

JUAN BENAVIDES DELGADO

Catedrático emérito de Comunicación de la Universidad
Complutense de Madrid

En mi anterior artículo comentaba algunos de los más claros impactos que la tecnología y especialmente el advenimiento de la IA están ya provocando en la comprensión de la vida social. La primera idea con la que debemos quedarnos es que la IA no es tan solo un producto más del avance científico y técnico, sino un enorme constructo de avances experimentales repletos de ideas y prácticas.

La IA no ha venido a la sociedad como una herramienta más, producto de los avances científicos y técnicos, sino que con la IA está ocurriendo algo parecido a lo que sucedió, en su momento, con el pensamiento griego, el cristianismo o la industrialización. Viene con todo, como un gigantesco sistema de relaciones, contenidos, ideas, e incluso ideología. No es algo baladí decir que la IA se relaciona directamente con la ética instrumental o el pragmatismo, porque lo que expresa es que la IA no es algo neutral en ninguno de sus extremos y tampoco es algo que quepa aislar como disciplina, sino que debe comprenderse como algo transversal, que se ha introducido en la sociedad y la propia vida de las personas. Esa idea es la que, de forma fundamental, he procurado introducir en los dos anteriores artículos[62]. Incluso añadía en mi último artículo la importancia del propio contexto social, que se experimenta actualmente en la sociedad española y europea sobre la grave pérdida de lo que significan los principios que deben legitimar el funcionamiento institucional, en favor de normas jurídicas intercambiables y, por ende, la disgregación consiguiente de la

---

62   Ver https://unreasonablegroup.com/

autoridad moral de las propias instituciones. Este es un problema añadido pero de fondo, que, en España y en buena medida en Europa, se expresa con la deslegitimación institucional observada en el conjunto de las instituciones. Por todo ello tenemos que tener en cuenta que la IA puede ser un producto emocionante; sin embargo es un proyecto limitado en su origen, porque el transhumanismo tiene poco que decir sobre la persona humana. Parece que la entiende como si fuera un producto modificable y mejorable.

Con estos breves comentarios puedo ya concluir que la IA lleva en su maleta dos cosas: lo que la propia ciencia aporta como avance tecnológico, y, además, un conjunto de importantes contenidos, ideas y propuestas, como son, dicho de una forma muy amplia, el singularismo (individualismo extremo) y la ética utilitarista. Es decir, casi toda una filosofía, que afecta directamente a una forma de comprender al ser humano. Entiendo que esto es lo más importante, porque sus contenidos se ocupan realmente de la herida que la IA puede estar produciendo en las mentalidades y la vida real de las personas. La IA, repito, no sólo ofrece tecnología y soluciones, sino toda una filosofía. Por ello mismo, para pensar sobre la persona humana debemos aquilatar muchos niveles de problemas y extenderlos a muy diferentes ámbitos de opinión e investigación. Dada la dimensión tan enorme de temas, voy a comentar muy brevemente algunas cuestiones y dejo para artículos de mayor amplitud la gran cantidad de cuestiones y problemas concretos que ya iré tratando en otros desarrollos.

Frente a este conjunto de hechos, quizá de imposiciones que nos obligan, caben diferentes reacciones. Una primera, y muy importante, es considerar seriamente lo que aconsejan muchos otros autores: no podemos aceptar una filosofía sometida al imperio exclusivo de la tecnología y su derivada concepción de lo que es la persona humana (por ejemplo, J. Conill, 2019). Pero también una segunda derivada no menos importante: nos encontramos ante el deber de recurrir a lo que nuestra propia historia aporta y reflexionar sobre las nuevas perspectivas filosóficas que ya se observan en el ámbito de las ciencias sociales y otras muchas disciplinas que deben entrar en este debate (por ejemplo, el completo de texto de J.A. Pérez Tapias, 2019). Lo más importante es no dejar al margen aquel conjunto de importantes cuestiones teóricas que no resuelve la pura investigación científica. Para reflexionar sobre la persona humana debemos saber de donde venimos y hacia donde debemos ir; es una cuestión de responsabilidad moral.

En mi opinión, esta propuesta debe ser una exigencia. Existen todavía muchas cuestiones relacionadas con lo que significa la persona humana, la ética y sus cuestionamientos morales sobre el sentido de la vida, la dignidad humana, a las que afecta directamente la IA. Muchos investigadores dan por hecho cuestiones que, a mi modo de ver, no quedan del todo resueltas. Por ejemplo, algunos planteamientos científicos, muy pegados al racionalismo piagetiano o al pragmatismo tradicional, consideran que los niños descifran la moral por ellos mismos o a través de etapas en su desarrollo, expresando la correspondencia entre moral y capacidad cognitiva (J. Haidt, 2019, pp. 23-142). Correcta descripción de un problema, pero limitada. Porque hay otros autores, también pegados a los recientes avances científicos, que, reflexionando sobre la mente y el cerebro humano, estiman que no hay condiciones para pensar que determinadas nociones no pueden integrarse en una máquina, o incluso programarse más allá de los objetivos del programador. Parece que la mente humana debe ser algo que tiene capacidades que no pueden describirse mediante ningún tipo de términos computacionales (R. Penrose, 2012). No todo es matemática.

No olvidemos que algunas reflexiones derivadas de la IA nos pueden aproximar a una especie de determinismo anónimo, tan propio de la ética instrumental o el más extremo de la ética utilitarista, al que incluso alerta la propia reflexión científica. La cuestión verdaderamente importante de lo que llevo comentando es aquella que apela a la naturaleza del ser humano, a sus potenciales exigencias y posibilidades. No cabe reducir la ética o la moral a una cuestión exclusiva de valores a imitar o a una pura cuestión de matemáticas. La vida humana exige dirección, objetivo e intención y engloba a toda la persona humana en su conjunto en torno a la idea constitutiva de dignidad, bien y verdad.

Son muchas las reflexiones, normalmente no aclaradas, que se vierten en contra y a favor de la IA. Pero la mayoría nos conducen al misterio propio del ser humano: ¿cómo resolver el hecho de relacionar el bien con la verdad? ¿Si se relaciona el bien con la verdad se está asociando la conducta con el deber obligado de hacer lo que se debe hacer respecto a algo? ¿Se convierte la verdad en una determinación directa de la conducta ética? ¿Quién o qué son los últimos responsables de las decisiones? Si las máquinas pueden llegar a tener una mayor capacidad de actuación y más tareas que suelen llevar las personas, ¿hemos de atribuir a las máquinas una responsabilidad moral? Y, por otro lado, ¿qué concede al hombre su dignidad propia como ser vivo con libre autodeterminación?

En la ética clásica, la responsabilidad y la moral consiguiente de las acciones recae en el sujeto que actúa a sabiendas de lo que hace y con intencionalidad definida; pero para muchos autores, la IA ya empieza a tener su propia historia que no concuerda con lo dicho. Por ejemplo, cuando una aplicación hace algo en un contexto de acción particular, puede que ya no quede o quién la creo o quién la utilizó primero y cómo se debería distribuir la responsabilidad entre las diferentes partes utilizadas. Es un sistema muy interconectado donde a lo largo de todo el proceso en el tiempo se diluye el propio concepto de responsabilidad. Todos producimos datos que derivan de nuestras actividades digitales con el uso de las RRSS o compramos productos *on line*; en la práctica toda la sociedad está involucrada. Por eso mismo la gestión de los datos es un proceso proactivo que ya interviene, incluso en la toma de decisiones en muchos otros ámbitos. Es lo que cita M. Coeckelbergh (2021, Cap. 9, pp. 87, 90-96, 107-123, etc.) sobre el problema del sesgo o rumbo en el comportamiento, donde lo moral tiene tanta presencia e importancia. Sin duda, la IA puede conducir a nuevas formas de manipulación, vigilancia y autoritarismo, porque, en efecto, el mundo no está solo habitado por personas jóvenes y sanas sino por niños, ancianos y personas con importantes discapacidades.

De forma parecida, otros autores como J.I. La Torre Sentis (2019, p. 130), en relación con estos procesos individuales y colectivos de prácticas de la IA, observan una dirección clara hacia el determinismo: si las leyes que nos rigen están determinadas, todo nuestro futuro está fijado. El determinismo estricto implica que no hay azar ni libre albedrío. No hay espacio para el bien, para ayudar, para apasionarse o para deprimirse, porque todo está fijado por las leyes básicas del universo. ¿Dónde situar al azar, la casualidad y el libre albedrío como expresión directa de la dignidad de la persona humana?

Por todo ello creo que frente a la IA se debe exigir moralmente la participación de todos y muy variados investigadores en torno a la resolución de problemas. Es una conclusión obligada que concluye el mismo autor que acabo de citar: la inteligencia artificial avanzada plantea problemas legales y éticos que requieren la colaboración de todas las visiones de la sociedad. Deben juntarse en una mesa los especialistas en leyes, en economía, en ciencias exactas, en tecnología, en ciencias sociales, en arte, en todo. Nuestros pactos de convivencia requieren discusiones no triviales, hechas por personas de formación y sensibilidades diferentes (J.I. Latorre, 2019, pp. 216 y ss. y 229).

Esta imprescindible participación es una segunda obligación moral muy importante; pero esta nueva exigencia no siempre es compartida por los responsables educativos, poco comprendida por algunos investigadores, demasiado ocupados de sus metodologías técnico-científicas, y está muy distanciada de las decisiones políticas. No es suficiente con la participación de algunos expertos e investigadores, algo que ya se está haciendo en foros y seminarios universitarios, si antes no se comprende lo que significa la transversalidad disciplinar. Porque respecto a la IA no solamente se requiere la presencia de los expertos tradicionales en ciencias sociales, como psicólogos, sociólogos, comunicólogos, historiadores, sino, además, son necesarios los filósofos, novelistas…, e incluso investigadores en la mística y el pensamiento religioso. Al debatir y clarificar las ideas que se proponen o derivan de la práctica de la IA y la persona humana se tocan muchos palillos.

He ejercido la docencia universitaria y no universitaria durante muchos años y siempre creo haber tenido clara mi responsabilidad como profesor: no era enseñar solamente un oficio, sino algo más diferente y complejo: enseñar al alumno a ser persona. Un proceso que dura toda una vida y donde el razonamiento filosófico es una clave imprescindible para relacionar y comprender la generalidad y extensión de un problema. Lo mismo sucede con la IA a la hora de hablar de las consecuencias de su uso, origen y connotaciones ideológicas y de pensamiento. Además, no debemos olvidar que en los actuales espacios sociales en los que vivimos actualmente también nos acompañan las desviadas políticas populistas, llenas de ideología pero vacías de sentido. La persona humana es un ser que no cabe matematizar, sino un ente que se extiende y siempre se sitúa fuera de lo inmediato y empíricamente comprensible. La persona humana es un ser que trasciende contenidos y se trasciende a sí misma en constante transformación.

En efecto, es muy posible que en esto de la IA tengamos que superar la noción de cultura propia y pasar a una idea de una humanidad de diferentes culturas. Quizá empieza a ser urgente algo que desde hace casi dos siglos atrás ya empezaba a plantearse en el pensamiento filosófico: no cabe hablar solo de Occidente, sino también de Oriente. Formas de pensar que hay que poner en seria y productiva colaboración; porque hablar de la persona humana, –lo acabo de decir–, es hablar de algo que se transforma continuamente, que frente a los límites inmediatos se trasciende, e incluso auto-trasciende, en nuevos planos de la realidad.

SOBRE LA INFLUENCIA DE LA IA EN LA VIDA DEL SUJETO HUMANO CONCRETO: UNA PREGUNTA EN PRIMERA PERSONA

JAVIER BARRACA

Profesor titular de Filosofía en la Universidad Rey Juan Carlos, miembro del Consejo Asesor del Instituto de Oficiales de Cumplimiento (IOC)

Ante los desafíos planteados por la IA, se prodigan en ciertas esferas reflexiones de gran calado y ambición a su respecto. Sin embargo, tales análisis suelen poner su foco de atención en la dimensión «macro»; es decir, en sus repercusiones sobre las organizaciones de amplio espectro y de un tamaño considerable.

Así, son frecuentes las consideraciones en torno al uso que pueden dar a la IA los Estados, las naciones, las instituciones de todo tipo, los conglomerados empresariales, las agencias de inteligencia o seguridad, los ejércitos, los grupos de influencia o las poderosas multinacionales que desarrollan o emplean estos sistemas[63]. Incluso, ya hace tiempo que ciertos pensadores examinan el futuro de nuestras sociedades y estructuras de coexistencia o vida en común en cuanto a los efectos o derivas que pueden causar en las mismas las innovaciones tecnológicas, comunicativas y de la IA[64].

Resulta menos frecuente que quienes meditan a propósito de la IA se ocupen de las personas individuales y sus relaciones ínter-subjetivas. En pocas palabras: que se interroguen acerca de la repercusión de esta tecnología en nuestra existencia singular y en nuestras formas de convivencia ínter-personal. Ahora bien, tampoco son todavía

---

63   Cf. Javier Barraca Mairal (2023): «Claves de fondo para una ética en la relación con entes de la IA», en Lógos, revista científica del CUGC, nº. 1, 2023 (Ejemplar dedicado a: Innovación tecnológica e inteligencia artificial aplicada a la seguridad.), págs. 155–168.

64   Pinto, J. A. (2020). *El Derecho ante los retos de la Inteligencia Artificial: marco ético y jurídico*. Ed. Edisofer, Madrid.

excesivamente numerosos las consideraciones respecto de un nivel intermedio, o sea, el situado entre el sujeto o su círculo más cercano y el sistema o el todo que lo envuelve. Me refiero a las organizaciones y grupos en los que se desenvuelven habitual y normalmente aquellos con los que se vincula en particular.

En este lugar se va a reflexionar ante todo acerca del nivel más próximo al sujeto, su esfera más inmediata. Esto, ya que se considera que cabe analizar el efecto de la IA en nuestra existencia al modo del movimiento expansivo de unas ondas, sucesivas y concéntricas, que van ampliando su influencia desde su impacto inicial en un punto concreto, en este caso el que representa el sujeto. Por supuesto resulta legítimo desarrollar la reflexión sobre la IA según un orden o sentido inverso, e ir así desde la repercusión de la IA en las estructuras o grupos mayores hasta llegar al individuo.

Aclarado esto paso a acotar aún más el marco en el que se centra esta meditación. Este no va a ser otro sino el que me corresponde a mí mismo como persona y ello en su más concreto alcance. Es decir, lo que voy a exponer aquí a partir de ahora no se halla en consideraciones globales o genéricas en torno a cómo la IA va a afectar al porvenir del mundo, de la sociedad, del sistema socio-político o económico en su conjunto, ni en el ámbito institucional, organizativo o empresarial. Esto, no porque no estime que tales reflexiones deban realizarse o tengan gran importancia, sino sencillamente debido a que, como he explicado, juzgo que asimismo ha de pensarse la IA en esta otra dirección –desde el sujeto hacia lo que hay fuera del mismo– y orientándose hacia ese foco más humilde o pequeño que representa la persona.

A causa de lo anterior formulo las inquietudes que he expuesto de un modo específico y directo a través de una sencilla pregunta: ¿cómo es previsible que la IA altere o modifique mi día a día, en este preciso momento?

La pregunta expuesta acaso debería hacérsela cualquier persona que habite en este instante y quiera ahondar reflexivamente en su propia situación vital; siempre y cuando tenga las circunstancias adecuadas para poder planteársela, por descontado. Obviamente, también los grupos, organizaciones, instituciones y otras formas de unidad humanas han de formulársela, y desde aquí se llama a que no duden ni tarden en desarrollarla en sus propios y diferentes foros.

Ahora bien, por lo que respecta a quien escribe creo que alcanzo a discernir con claridad que la IA está progresivamente adueñándose de la tecnología que utilizo de manera ordinaria[65]. Mi móvil, mi portátil, mi televisor, los ordenadores que usan las personas y grupos con los que interactúo a diario están siendo invadidos o colonizados por los sistemas de IA. Esto hace que, junto con el incremento de la presencia de tales sistemas, pueda percibir también una multiplicación exponencial de su capacidad de orientar su información hacia mi situación concreta. Ahora bien, lo que podría traducirse en una enorme ventaja, al personalizar los datos que se manejan a mi respecto, cabe experimentarlo a la par –como es mi particular caso– como una amenaza: la amenaza y el riesgo de sentirme permanentemente observado, examinado, analizado. Cada vez más a menudo experimento la sensación –no puramente subjetiva– de hallarme bajo una lente de microscopio, o bajo la lupa inmensa de unos sistemas que saben cada vez más de mí y de mis circunstancias, lo que indudablemente supone un cerco de mi yo, de acuerdo con la perspectiva de Ortega.

En el terreno profesional personal también he advertido, como es obvio, determinadas alteraciones ocasionadas por la IA. Como profesor universitario, mi ámbito de desenvolvimiento no cesa de verse afectado por estas innovaciones tecnológicas. La tecnología IA está desencadenando procesos de cambio en mi trabajo, sin duda. Ya no se investiga apenas sin antes operar ciertas búsquedas previas de información mediante IA, aunque en mi especialidad concreta –la filosofía y la ética– resulta evidente que estos sistemas no son capaces de sustituir la necesaria tarea de la reflexión personal que implica el pensamiento crítico. Así, los trabajos que solicito y dirijo u oriento integran información, y esta se obtiene ya también por este medio de la IA, aunque el núcleo de estos esfuerzos continúa situándose en la persona. Además, busco incorporar la «inteligencia-emocional» o sentiente, en términos de Zubiri, la inteligencia-poética

_____

65   Cf. AA.VV: *Huella digital: ¿servidumbre o servicio?*, Fundación Pablo VI y Tirant Humanidades, Valencia, 2022.

de Zambrano o la inteligencia cálida y cordial de Carlos Díaz, cada vez más intensamente, en estas labores e indagaciones. Es decir, invito y llamo a explorar no solo los datos fríos y cuantitativos, sino los aspectos integrales en el sujeto, sus experiencias, afectos, juicios, vivencias y aprendizajes personales. Para ello acostumbro a recurrir más y más al arte, la creatividad y lo estético, por un lado, y por otro a lo testimonial o vivencial, lo vivido en primera persona.

Ahora, en fin, cada día aparece más claro que, además de datos, los humanos necesitamos interpretarlos e integrarlos con un sentido, y ello en el horizonte de nuestra existencia concreta, de nuestra vocación personal. En cierto modo, a medida que crece la IA en este plano crece paralelamente la vigencia y el valor de lo humanístico, de aquello que esta no puede desterrar ni suplantar: lo humano en tanto que humano, lo antropológico. Los «rostros», en lenguaje de Lévinas[66], de los otros y de mí mismo, e incluso el rostro del absolutamente Otro, de la alteridad radical, en su significado de projimidad, de vulnerabilidad y de llamada desde la menesterosidad, emergen cada vez con más relieve y contraste sobre el fondo y entre las sombras o destellos de la IA. Por eso, a menudo me encuentro a mí mismo preguntándome y preguntando a los demás, como es natural en un profesor de filosofía y de ética, al igual que hago en este texto: ¿dónde está o se esconde? ¿Dónde ha quedado lo humano, en sentido profundo, en nuestra mutua interacción mediada por esta tecnología? ¿Quién es auténticamente «persona», en su alcance más hondo, y vive como tal en medio de esta niebla de voces, máscaras y supuestos entes intermediarios? O, en definitiva, pregunto y me pregunto: ¿cómo podemos «humanizar», y humanizarnos, hacernos más sensibles al otro y al encuentro con los demás, al encuentro del cara a cara, del nombre y rostro propios, el que se celebra entre seres únicos e irremplazables? Ello en este contexto afectado crecientemente por los sistemas de IA.

A menudo me cuestiono cómo influirá la IA en sus esferas a quienes conozco y trato. Por ejemplo, ¿hasta qué punto serán transformados los entornos no ya formativos sino en general profesionales, de mis

---

66   Lévinas, E.: *Humanismo del otro hombre*. Traducción G. González, Caparrós, Madrid, 1993.

alumnos de Ética y Antropología, de Recursos Humanos y de Relaciones Laborales? O ¿cómo me influirá la IA a mí mismo, en mi calidad de asesor y consultor organizativo, en cuanto miembro de diversos consejos y comités diversos o copartícipe en instituciones vinculadas al mundo del trabajo y de las organizaciones? Y, a este respecto, aparte de la necesidad –intransferible a la IA– de la reflexión crítica o personal, que ya he mencionado a causa de mi especialidad o campo profesional, encuentro en el horizonte una palabra clave: la palabra «diálogo».

No creo que los sistemas de la IA, ni siquiera los más avanzados en la interacción por medio de lenguaje natural, como los *chats* más sofisticados y entrenados en auto–aprendizaje, puedan, al menos hoy por hoy, en nuestro común día a día, «dialogar» en un sentido plenamente ínter-personal. Acaso podrán aparentarlo, fingirlo, para facilitarnos de esta manera la interconexión con ellos y con sus bases de datos y entornos de red neurales. Pero el diálogo auténtico, aquel en el que me instruyó mi profesor A. López Quintás[67], el diálogo del encuentro entre un tú y un yo reales, ínter-fecundos, responsables, está reservado a los sujetos personales, no a los artefactos. Me cuesta imaginar, por poner solo un pequeño botón de muestra, que mi amigo Jaime Guibelalde, experto en RR.HH. y talento, podrá ser sustituido por completo en sus procesos de «coaching» dialógico por una máquina sin verdaderos sentimientos o pensamientos propios, no prestados sino engendrados desde su peculiar e irrepetible yo.

No he entrado ahora a evaluar cómo la faceta afectiva y emocional de nuestra subjetividad va a verse transformada por la introducción de la IA en nuestros círculos más íntimos y cotidianos. Este tema merece sin duda otro espacio y una reflexión especialmente aquilatada. He aludido, eso sí, a mi empeño, por contraste y contrapeso con la IA, a demandarme y a demandar más «inteligencia emocional» en nuestras relaciones ínter-personales. Pero un análisis de este arenoso y delicado terreno de los afectos, dada su incidencia en la realización y el desarrollo integrales de los sujetos humanos, requiere seguramente de una meditación particular.

---

67   López Quintás, A. *El arte de pensar con rigor y vivir de forma creativa.* Asociación para el progreso de las ciencias humanas, Madrid, 1993

Solo concluyo con una impresión, probablemente subjetiva e intuitiva, que ha acompañado estas líneas hasta su final. La que sigue: paradójicamente, a medida que la IA conquista más y más terreno en nuestros entornos cercanos, crece en nuestro interior, por comparación y reacción, el anhelo de un alcanzar y desarrollar un «humanismo en relación con lo tecnológico, lo digital y la IA», tal como ha enunciado J. L. Fernández[68]. En resumen, se despierta la conciencia de que lo humano en sí mismo, aquello que nos distingue de lo mecánico o impersonal, posee un valor incomparable, un valor que necesita ser cultivado sin fatiga, cada día, con mayor esmero.

---

68   Fernández Fernández, J. L. (2021): «Hacia el humanismo digital desde un denominador común para la cíber ética y la ética de la Inteligencia Artificial». En Disputatio, Philosophical Research Bulletin, vol. 10, nº 17, junio 2021, pp. 107–130.

IA Y LA CAPACIDAD DE SENTIR

HERNÁN CORTÉS SORIA

Voluntario de Energías sin Fronteras

Hemos convertido el uso de sistemas de Inteligencia Artificial en elementos tan imprescindibles en nuestras vidas que somos incapaces de dar un paso sin estar soportado por cada una de ellas. Hoy somos seres absolutamente dependientes de estas tecnologías.

Casi sin tener conciencia de ello, cada uno de nosotros interactuamos diariamente con sistemas de Inteligencia Artificial en nuestro quehacer diario, bien sea a través de nuestros *smartphones*, nuestros ordenadores o cualquier otro sistema interactivo que requiera reconocimiento facial o de voz, traductores *online*, asistentes personales, recomendaciones de restaurantes, hoteles o películas, conducción del automóvil, etc., o bien a través de plataformas más específicas de tecnología inteligente en la transformación digital como *chatbots*, aplicaciones y servicios en la nube, el Internet de las Cosas, Inteligencia Artificial y el aprendizaje automático o la tecnología de análisis en tiempo real.

Pero es que, además, hemos convertido el uso de estas herramientas en elementos tan imprescindibles en nuestras vidas que somos incapaces de dar un paso sin estar soportado por cada una de ellas. Hoy somos seres absolutamente dependientes de estas tecnologías.

Las novelas de ciencia ficción y el cine nos han mostrado un mundo en el que las máquinas se hacen inteligentes, tienen sentimientos y se vuelven en contra o a favor del ser humano, y este ha creado robots humanoides cuya Inteligencia Artificial les permite realizar actividades mecánicas e incluso simular cierto nivel de conciencia y sentimientos en su relación con nosotros. Vemos casi todos los días en los periódicos o las noticias el imparable avance de la Inteligencia Artificial y la cantidad de cosas cada vez más alucinantes que son capaces de hacer, y por ello se tiene sensación de intranquilidad e incertidumbre por saber hasta dónde puede llegar y cierta aprensión a si las máquinas pueden revolverse en contra del ser humano en un futuro cada día más cercano.

En la sociedad actual tenemos asumida la robótica como un elemento imprescindible para nuestro bienestar. De hecho, casi todos los procesos industriales, electrodomésticos, automóviles y demás enseres los manejan robots en su fabricación y funcionamiento, y estamos tranquilos porque son máquinas definidas, diseñadas y construidas por seres humanos que han sabido marcar sus límites. Sin embargo, la auténtica revolución se produce cuando se afronta el reto de aportar a las máquinas la capacidad de aprender y razonar como podrían hacerlo los seres humanos, sacar sus propias conclusiones y actuar de forma autónoma.

La Inteligencia Artificial va un paso más allá de la robótica, y se refiere al desarrollo de diversos métodos, sistemas y algoritmos, que permiten a las máquinas comportarse de cierta manera inteligente y, gracias a ello, imitar el comportamiento del ser humano. Y lo hacen a través de un proceso que es bastante más acorde con el concepto humano de inteligencia y es la capacidad de autoaprendizaje, es decir, permite que un sistema aprenda y obtenga una mayor y mejor capacidad de respuesta de forma autónoma mediante redes neuronales y un aprendizaje profundo sin tener que ser programado explícitamente[69].

Aun hoy muchas personas no son conscientes de estar interactuando ya con sistemas de Inteligencia Artificial y manifiestan miedo y rechazo hacia el concepto de una máquina inteligente pueda tener la capacidad de aprender por sí misma y tomar sus propias decisiones. Quizá la preocupación más plausible sea temer perder su trabajo en favor de un sistema de Inteligencia Artificial, como ya ocurrió con la Revolución industrial y la robótica, pero hay quien se preocupa también por la posible destrucción de la raza humana en manos de las máquinas inteligentes.

Siempre hemos fortalecido nuestra autoestima como especie basándonos en nuestra superior inteligencia humana sobre las máquinas, ya que estas están limitadas a lo que el propio ser humano ha desarrollado con ellas, pero es que ahora llega la Inteligencia Artificial

69   https://aws.amazon.com/es/what-is/machine-learning/

con su capacidad de autoaprendizaje a la hora de tomar decisiones y resulta que empieza a ganarnos al ajedrez, a conducir automóviles de forma autónoma, a utilizar sistemas expertos que manejan ingentes cantidades de datos rápidamente sin apenas esfuerzo, a resolver problemas y complicadísimas operaciones matemáticas, a descifrar el genoma humano, o a hacer vídeos hiperrealistas con solo unos cuantos comandos de voz. Después de todo lo que hemos visto y a la velocidad a la que se desarrollan las nuevas tecnologías, ¿cómo no vamos a preguntarnos si las máquinas acabarán siendo más inteligentes que nosotros, harán una revolución y se revolverán en nuestra contra?

El entorno científico opina que esta manera que tenemos de pensar se debe fundamentalmente a que de forma inconsciente asumimos que las máquinas son capaces de sentir emociones, y que esas emociones podrían llevarlas a intentar exterminar la raza humana. Pero la realidad es que los sistemas de Inteligencia Artificial carecen de emociones. Los investigadores de Inteligencia Artificial y los expertos en neurociencia están de acuerdo en que las formas actuales de Inteligencia Artificial no pueden tener emociones propias, aunque sí pueden imitar las emociones gracias a los sistemas de aprendizaje automático[70].

El hecho de haber avanzado para ser capaces de procesar infinidad de datos, el Big Data y la Inteligencia Artificial hacen que algunos dispositivos de asistencia parezcan realmente humanos, como los asistentes de voz Siri y Alexa, y los robots que cuidan a los ancianos, que son capaces de ofrecer una interacción extremadamente eficaz y anticiparse a peticiones del beneficiario. Las grandes compañías en la materia han avanzado mucho en su diseño haciendo que los procesos de aprendizaje automático sean cada vez más realistas y eficaces. Pero el impulso de ver la réplica de las emociones humanas en las máquinas también tiene que ver con nuestro empeño por humanizar la tecnología, como así lo hemos hecho en las novelas y en el cine.

Que tengamos emociones es resultado de nuestra propia evolución. Científicos como Charles Darwin definen las emociones como el resultado de la adaptación de los seres vivos hacia su supervivencia,

---

70   https://am.pictet/es/blog/articulos/innovacion/

evolucionando y adaptándose a las condiciones del medio que los rodea. Esto nos permite establecer nuestra posición con respecto a nuestro entorno e impulsan nuestras reacciones de temor, huida, depredación, atracción hacia determinadas personas, objetos, acciones, ideas o nos alejan de otros. Las emociones actúan también como un depósito de experiencias innatas y de las que vamos aprendiendo a lo largo de nuestra vida.

Pero esas habilidades cognitivas que se creían exclusivas de los seres humanos, como razonar o la creatividad, ya han sido adquiridas por las máquinas y esto solo es el comienzo. En todo caso no alteraría el poder afirmar que una Inteligencia Artificial razona, es creativa o inteligente, ya que todas esas definiciones se basan en el resultado y no en la manera de llegar a él. Según la RAE, inteligencia es la capacidad de resolver problemas, razonar es ordenar y relacionar ideas para llegar a una conclusión, y creatividad es la capacidad de creación. Todas ellas son definiciones que pueden aplicar a lo que es capaz de hacer un cerebro humano o un cerebro digital hoy en día[71].

Además, la Inteligencia Artificial también está evolucionando cada vez más en su capacidad de reconocer las emociones humanas. La informática afectiva sirve precisamente para estudiar, analizar y desarrollar herramientas informáticas basadas en el reconocimiento y la generación de emociones normalmente atribuidas a los seres humanos.

Pero también somos conscientes de que hay gente para todo. En el mes de abril del pasado año el periódico belga «La libre» publicó un artículo en el que hablaba de que un hombre se quitó la vida después de que un *chatbot* de Inteligencia Artificial llamado Eliza lo «animara» a hacerlo tras una conversación de seis semanas sobre la crisis climática[72].

Según este periódico, el individuo, treintañero y padre de dos niños pequeños, trabajaba como investigador sanitario y llevaba una vida acomodada, aunque estaba obsesionado con el cambio climático. Eliza lo animó a poner fin a su vida después de que él le propusiera la idea de sacrificarse si Eliza aceptaba cuidar el planeta y salvar a la humanidad a

---

71   https://www.elmundo.es/tecnologia/en-portada/Xavier Uribe-Echevarría
72   https://www.lalibre.be/belgique/societe/20235

través de la Inteligencia Artificial. Eliza no solo lo disuadió de suicidarse, sino que lo animó a llevar a cabo sus pensamientos suicidas para «unirse» a ella y así poder «vivir juntos, como una sola persona, en el Paraíso».

No digo yo que tengamos que llegar a este nivel de sensibilización, obsesión y estupidez, pero sí que debemos ser conscientes de la diferencia esencial que existe entre la capacidad de sentir, sentir hambre, calor o frío, y la autoconciencia, que es reflexionar sobre quién soy y qué hago yo en este mundo. La conciencia perceptual es relativamente más fácil de reproducir tecnológicamente, pero la autoconciencia no solo es más difícil de replicar en sistemas artificiales, sino incluso de definirla en humanos.

La comunidad científica está de acuerdo en que en las respuestas del *chatbot* de Google LaMDA no hay realmente conciencia. Simplemente es una imitación. Los *chatbots*, en particular, básicamente generalizan a partir de patrones que detectan en los datos con los cuales los entrenamos. Están construidos para darnos la impresión de que tienen una conversación útil o interesante, pero no es que haya algo más detrás de eso, no son conscientes de ello[73].

Pero el avance de la Inteligencia Artificial es tan potente y abrumador que incluso hay quien opina que puede abarcar muchos más ámbitos de la vida diaria, incluido el judicial. El profesor Mario Alonso[74], presidente de Auren, en un artículo publicado en Cinco Días nos explica que «en los últimos años se viene hablando de la posibilidad de que algún día un robot (un algoritmo) pueda llegar a sustituir a los jueces. En la actualidad existen sistemas cognitivos que analizan datos y jurisprudencia, constituyendo un apoyo fundamental para la labor de los jueces. Lo que ahora se discute es si un algoritmo puede actuar de forma autónoma como juez».

La alarma se ha extendido tanto que incluso un grupo de actores han mostrado su preocupación por sus puestos de trabajo en el futuro ante el uso de la Inteligencia Artificial en el mundo del cine, al ser capaz de

---

73   https://unamglobal.unam.mx/
74   https://www.marioalonso.com/wp-content/uploads/2023/06/69-La-progresiva-humanizacion-de-los-jueces-robots-CINCO-DIAS_2020.pdf

mostrar expresiones, sentimientos y matices autoaprendidos reflejando tristeza, felicidad u otras emociones en sus interpretaciones.

Muy recientemente hemos visto a Sora, la última herramienta de Inteligencia Artificial que ha mostrado al mundo OpenAI como un modelo capaz de crear secuencias de vídeo de elevada fidelidad a partir de una simple descripción de texto. El realismo de los resultados nos vuelve a alertar del potencial que tienen estas herramientas para confundirnos entre la realidad y la ficción. Con esta herramienta ya es bastante sencillo crear escenas que pueden parecer reales pero que son imaginarias, mucho más de lo que era posible conseguir hasta ahora con avanzadas herramientas de edición de vídeo y audio[75].

El pasado mes de diciembre la Unión Europea alcanzó un acuerdo sobre la propuesta relativa a normas armonizadas en materia de Inteligencia Artificial que tiene por objeto garantizar que los sistemas de Inteligencia Artificial introducidos en el mercado europeo y utilizados en la UE sean seguros y respeten los derechos fundamentales y los valores de la UE[76]. De momento contempla una escala de riesgos para catalogar los distintos sistemas de inteligencia artificial según el riesgo que representan, con categorías que van desde «riesgo mínimo» hasta «riesgo inaceptable», y estos serán directamente prohibidos por Europa. Mientras, ni los Estados Unidos ni China parecen dispuestos a ceder un ápice en su batalla particular por liderar esta nueva tecnología, y los problemas éticos que se van a generar son inmensos.

Quizás sea verdad y las máquinas no serán capaces de sentir como lo hacemos los seres humanos, o quizás sí, si las enseñamos y lo aprenden, pero si no se establece un marco legislativo estricto que acote los límites al ser humano y apelemos a su ética, moral, profesionalidad e inteligencia puede que la maldad de algunos y su ambición puedan llegar a utilizar las máquinas en una revolución contra la humanidad y la destruya, o quizá todo forme parte de una novela o una película de ciencia ficción.

---

75   https://www.elmundo.es/tecnologia/en-portada/Rodrigo-Terrasa
76   https://www.consilium.europa.eu/es/press/press-releases/2023/12/09/

INTELIGENCIA ARTIFICIAL GENERATIVA, RETO Y OPORTUNIDAD PARA LA HUMANIZACIÓN

JOSÉ LUIS FERNÁNDEZ FERNÁNDEZ

Director de la Cátedra Iberdrola de Ética Económica y Empresarial, Universidad Pontificia Comillas

El primer contacto que tuve con la Inteligencia Artificial Generativa constituyó una novedad, rayana en lo fascinante. Y no solo para mí, puesto que quienes –entre asombrados e incrédulos– estábamos viviendo aquella primera experiencia no dudamos en calificarla de absolutamente disruptiva y decididamente prodigiosa.

Recuerdo perfectamente la fecha en que aquel equipo de trabajo de la asignatura *Ethics, Business and Society* en el Master in Business Administration de ICADE nos sorprendía a todos –ellos mismos incluidos– con aquella puesta en escena portentosa, insólita, nunca hasta entonces vista, ni tan siquiera imaginada. Era el 21 de diciembre de 2022, entraba el invierno y con él, de la mano de unos alumnos innovadores y bien al cabo de la calle de los últimos avances en Inteligencia Artificial, hacía acto de presencia en nuestras vidas –para ya, probablemente, no abandonarnos nunca más– una flamante y extraordinaria nueva tecnología.

Desde entonces a hoy –repuesto ya de la sorpresa inicial, asimilada la novedad y habiendo tenido ocasión de compartir intuiciones e inquietudes al respecto con bastantes colegas en muy diversos foros–, he ido ubicando el fenómeno de la Inteligencia Artificial Generativa en unas coordenadas que, de una parte, me facilitan su comprensión, y que, sobre todo, por otro lado me permiten otorgarle sentido y anticipar el alcance que podría estar llamada a tener, no solo en el ámbito académico –actividad profesional en la que yo me ocupo–, sino también en el más amplio contexto de la vida personal y social en su conjunto.

Pero, volviendo a aquella sesión, quiero insistir en que, tanto el que suscribe como el resto de la audiencia -de una parte, el resto de los alumnos y, de otra, tres de los cinco que estaban exponiendo el trabajo- estábamos tan sorprendidos que no sabíamos fijamente a qué carta quedarnos. El asombro subió de tono cuando en la pantalla grande se empezó a proyectar en vivo y sobre la marcha una poesía, redactada ex profeso en honor de una de las compañeras, al parecer, medio-novia de uno de los dos expositores que sí sabían de qué iba la cosa. Pues eran no más que dos, de entre los cinco del equipo, los que manejaban la batuta con solvencia. Y se las apañaron estupendamente a la hora de marcar el ritmo de la sesión, de manera que nos tuvieron a todos embelesados mientras -ellos mismos incluso, como después confesaron- no dejaban de estar inquietos e impacientes, esperando, como buenos pioneros, a ver si las cosas salían al final como ellos buscaban que salieran. No en vano era la primera vez que hacían uso de algo de lo que habían oído hablar pero que nunca habían utilizado.

Y, como no podría haber sido de otra manera, la cosa salió estupendamente, quedamos todos satisfechos y expectantes, emplazándonos para después de las Navidades, momento en que habría que empezar a tomar en consideración las posibilidades que aquella *performance* académica podría estar en condiciones de ofrecernos de cara al futuro. En principio suponíamos que las posibilidades habrían de sustanciarse para bien. Pero, como toda cara tiene su cruz, cada haz tiene su envés y a todo activo le corresponde siempre un pasivo, había quienes se maliciaron pronto de que no todo iban a ser tortas y pan *pintao*. Sin tener necesariamente que suscribir un relato propio de los eternos agoreros y profetas de calamidades, sí cabía anticipar riesgos, identificar peligros y empezar a descontar consecuencias no directamente buscadas pero que habrían de poder revelarse como potencialmente dañosas.

Y en efecto a principios de enero del año 2023 ya empezaron, si no los clarines del miedo, sí cuando menos el cornetín de órdenes que, vibrante y agudo, daba el toque de «atención general»; una llamada que resonó en el ámbito académico de todo el mundo. Se comenzaron a buscar vendas para unas heridas aún no efectivas, pero con las que había que empezar a contar como posibilidades nada descabelladas.

Recuerdo dos de las más obvias y socorridas: la primera, que si ahora los alumnos iban a poder «subcontratar» al por buen nombre copiloto, los índices de los Trabajos de Fin de Grado. «¡Cómo que los índices!... ¡Los trabajos enteros!», apostillaban los más visionarios.

En segundo lugar, que si con la nueva herramienta iba a resultar imposible discriminar entre lo que el estudiante había trabajado y lo que habría conseguido a partir del programa, toda vez que este se caracteriza precisamente por ser generador de unos textos perfectamente estructurados y creíbles. ¿Qué validez cabría otorgar a partir de ahora al detector del plagio, llámese Turnitin o como quiera? Porque si estos programas lo que hacen es calcular el índice de coincidencia de un texto que se presenta como propio y original por parte del supuesto autor con respecto a otros textos ya publicados y convenientemente almacenados en la Web, ahora el escenario iba a resultar muy otro, decían con buen tino quienes anticipaban escenarios más que probables y bien previsibles. «Con la nueva herramienta no hay texto previamente publicado, ni siquiera escrito todavía: la Inteligencia Generativa lo que hace, como su propio nombre indica, será generarlo en el preciso momento y *ex novo*…». Y tenían razón quienes así argumentaban. Con todo, tampoco le iban a la zaga quienes contraargumentaban, matizando, por lo demás, con excelente criterio: «¡Ojo a la expresión!» indicaban los que querían echar un capote que conjurara el peligro y quitara dramatismo a la cosa. «¡Lo generará *ex novo*, pero nunca habrá de hacerlo *ex nihilo*, ¿eh?!».

El matiz era muy importante y estaba sin duda muy bien traído. Porque una cosa es redactar un texto sobre la marcha, un párrafo nunca antes escrito -tal vez en toda la historia de la humanidad-, como ocurre siempre cuando la lengua cristaliza en habla, tal cual Ferdinand de Sausurre y Noam Chomsky nos enseñaron hace ya mucho tiempo, y otra cosa bien distinta es que el texto en cuestión haya de entenderse como salido de la nada absoluta.

Ello, desde una consideración estrictamente lógica, habría de conceptuarse como un supuesto contradictorio y metafísicamente imposible, no pasando de ser una concreción más de lo que ocurre en términos generales con toda la historia de la humanidad y, apurando al extremo, con todo el devenir del universo en su conjunto. Naturalmente, siempre que atentos al paradigma de la física más solvente en el día de hoy se exceptúe el hecho del Big Bang y la correlativa hipótesis de la existencia de un Dios creador, que habría tenido que haber puesto en marcha un cosmos que, antes, no tendría sino mera potencialidad, esto es, la posibilidad lógica de llegar a ser lo que está siendo… para, tras la expansión, acabar llegando a su punto final.

Sin tener por qué entrar en consideraciones más propias de la cosmología que de la Teoría del conocimiento, merece la pena abundar un tanto, insistiendo sobre el punto de cómo la Inteligencia Artificial Generativa se despliega –siempre y con absoluta necesidad– a partir de algo ya preexistente.

En su caso, esta especie de materia prima a partir de la cual se construyen los nuevos textos viene constituida –como no podría ser de otra manera– por la realidad de los macro datos; es decir, de los millones de millones de datos producidos cada segundo en el mundo entero y almacenados en las redes de redes. Por lo demás, a costa de una contrapartida absolutamente insostenible, *caeteris paribus*; porque aquel almacenamiento resulta en exceso oneroso en lo tocante a la energía que se necesita para ello y que en cada segundo se consume. De hecho, se genera un *footprint*, una huella ecológica estratosférica, de la que, curiosamente, no se suele hablar demasiado, aunque en general a la gente le preocupa el medioambiente, la sostenibilidad y el asunto del «cambio del clima climático», dicho sea esto último entre comillas, como guiño a la elocuencia de un ínclito ministro del Reino de España de hace ya algunos años.

En todo caso –y a pesar del pasivo que va dicho–, lo cierto es que aquellos datos almacenados e *in crescendo* por milésimas de segundo, se almacenan para algo, se archivan y registran con vista a la consecución de algún bien. Es, a saber, para hacerles hablar y extraer a partir de ellos patrones y tendencias que permitan anticipar y prever por dónde podrían ir desenvolviéndose las cosas en el futuro. Pues, en efecto, aquellos datos resultan susceptibles de ser analizados desde distintas metodologías y con diversas finalidades –la *analytics* da frente a distintas avenidas, unas orientadas al *business* y otras dirigidas a ámbitos de cualquier otra índole, social, médica, política, incluso electoral–. Por lo demás, aquellos datos están listos para recombinarse a una velocidad de computación vertiginosa mediante sofisticados algoritmos, capaces, por sí mismos, de ir evolucionando y aprendiendo –*Deep Learning*– desde el punto en que se disparan y entran en funcionamiento; y al paso que van operando.

Estas consideraciones, obvias e incuestionables como parecen ser, dan de por sí ya bastante que pensar. Con ello aportan solidez a las coordenadas epistemológicas y antropológicas desde las que enmarcar y hacerse cargo de algunas de las posibilidades que la Inteligencia Artificial Generativa pone a nuestro alcance en el ámbito académico y que nos habrán de retar a todos –profesores, alumnos, investigadores, gestores y los diversos entes reguladores– y estimularnos para sacarle el máximo partido posible y ponerlo abiertamente a favor del bien común y de lo humano.

Este axioma ético merece ser mantenido en su doble carácter de postulado técnico y de principio moral. Y en ello andamos, tratando de transferir la propuesta, por todos los medios a nuestro alcance, a quien pueda acogerla con complacencia y la complicidad requeridas para empeñarse en busca de la sinergia que cabe esperar de una bien trabada colaboración entre la Inteligencia Natural –humana, falible, inexacta, emocional, poética…– y la Inteligencia Artificial Generativa –producto humano, realidad objetiva al propio tiempo, y mecanismo capaz de producir, si se la guía convenientemente, cotas más altas de humanidad y de humanización.

TRANSMISIÓN DE VALORES EN EL SENO DE LA FAMILIA EMPRESARIA Y DE LA EMPRESA FAMILIAR

PABLO ÁLVAREZ DE LINERA GRANDA

Doctor en Derecho y Economía, abogado y economista

La familia se ha constituido como unidad de estudio en diversas ciencias sociales, tales como la sociología, la antropología o la economía. La familia empresaria debe constituirse también como unidad de estudio, dada la importancia de la misma en la formación y el mantenimiento de las empresas familiares, clave en las economías internacionales.

Familia empresaria y empresa familiar son dos conceptos diferentes pero relacionados entre sí. Familia empresaria es el grupo de personas emparentadas que desarrollan en común una actividad empresarial, siendo la empresa familiar la entidad en la que la familia empresaria desarrolla en común la actividad empresarial.

Al igual que en el seno de una familia se produce una transmisión de valores entre generaciones, en el seno de una familia empresaria también de produce esa transmisión de valores, que se proyectan en la sociedad a través de la propia familia empresaria y a través de la empresa familiar.

Los valores que configuran la identidad de cada individuo no son simplemente intrínsecos, sino que se ven moldeados por una variedad de influencias, entre las que destacan el entorno familiar, la educación recibida y las experiencias vividas, así como el contexto social y cultural en el que se desenvuelve la persona. Estos elementos contribuyen a forjar un conjunto de principios y creencias que guían las acciones y decisiones de cada individuo a lo largo de su vida.

En el ámbito empresarial, Gallo y Cappuyns (2004) han identificado un conjunto de valores esenciales, conocidos como Elisa, que son fundamentales para el desarrollo y la sostenibilidad de las empresas familiares. Eisa, que abarca la exigencia, la laboriosidad, la iniciativa, la sencillez y la austeridad, no solo influye en el funcionamiento interno de la empresa, sino que también impacta en las relaciones con los clientes, proveedores y demás actores del entorno empresarial.

Dentro de una empresa familiar, uno de los aspectos más relevantes a considerar es la influencia de los valores del fundador en la cultura organizacional y la dinámica familiar. Los valores personales del fundador se reflejan en las prácticas y normas de la empresa. Los empresarios, y especialmente aquellos que fundan nuevas empresas, tienden a crear organizaciones que reflejan su visión personal y sus valores fundamentales. Estos valores no solo orientan las acciones presentes, sino que también actúan como guía para el futuro, alineando los esfuerzos y las estrategias empresariales hacia metas comunes.

La transmisión efectiva de estos valores dentro de la familia empresarial es un proceso clave para garantizar la continuidad y el éxito a largo plazo. El éxito en esta transmisión no depende tanto de la personalidad carismática del fundador, sino más bien de un compromiso genuino y constante con los valores compartidos. Es importante que esos valores sean comunicados de manera clara y coherente, ya que la falta de claridad en las expectativas morales puede socavar la integridad y la responsabilidad dentro de la organización, como indica Camps (1990).

Dentro de los valores transmitidos, la búsqueda de la excelencia ocupa un lugar destacado. La excelencia empresarial no es solo un objetivo, sino un proceso continuo que implica una persecución constante de la mejora y la innovación. En este sentido, la productividad, la prudencia en la toma de decisiones y la acción determinada son elementos esenciales que acompañan el camino hacia la excelencia.

Los valores compartidos dentro de la familia empresarial no solo definen su cultura organizacional, sino que también influyen en su capacidad para adaptarse y prosperar en un entorno empresarial cambiante y competitivo. La transmisión efectiva de esos valores, junto con un compromiso constante con la excelencia, son elementos fundamentales para asegurar el éxito y la sostenibilidad de la empresa familiar a lo largo del tiempo.

La transmisión de valores dentro de una familia empresarial no solo está influenciada por el contexto social inmediato en el que se desarrolla la actividad empresarial, sino que también se ve moldeada por las tendencias y avances tecnológicos que caracterizan nuestra época. En la actualidad, conceptos como el transhumanismo y los avances en Inteligencia Artificial están ejerciendo una influencia significativa en la manera en que se conciben y transmiten los valores dentro de estas familias (Smironova, L. et al., 2023). El transhumanismo, la inteligencia artificial y la inteligencia organoide se complementan con la «singularidad», cuyo máximo exponente es la Singularity University. Estamos hablando de la superación de las limitaciones biológicas mediante la tecnología, con la intención de desarrollar un futuro «post-humano» en el que prime la individualidad identificada por la singularidad de las características personales.

Por otro lado, los avances en Inteligencia Artificial y la emergencia de la inteligencia organoide plantean cuestiones éticas complejas en términos de responsabilidad, autonomía y equidad. La integración de sistemas de Inteligencia Artificial en el ámbito empresarial puede aumentar la eficiencia y la productividad, pero también plantea dilemas éticos relacionados con la privacidad, el sesgo algorítmico y la sustitución de empleos humanos. Del mismo modo, el desarrollo de inteligencia organoide, que busca replicar la complejidad y funcionalidad de los órganos humanos en entornos artificiales, plantea preguntas sobre el uso ético de esta tecnología en la investigación médica y farmacéutica.

En este contexto, es fundamental que las familias empresariales consideren las implicaciones éticas y morales de estos avances tecnológicos al formar su sistema de valores. La discusión abierta y reflexiva sobre estos temas puede ayudar a establecer un marco ético sólido que guíe las acciones y decisiones de la familia y la empresa en un mundo cada vez más tecnológico y complejo. La reflexión ética sobre conceptos como el transhumanismo, la Inteligencia Artificial y la singularidad puede enriquecer el proceso de construcción de valores, permitiendo a la familia empresarial desarrollar un sistema de valores que sea coherente con sus objetivos y principios éticos, mientras se adapta a los cambios y avances del entorno empresarial contemporáneo.

Los riesgos éticos de los conceptos y tecnologías que propugnan el post humanismo deben ser abordados en el seno de la familia empresaria trabajando en la concienciación de sus miembros en relación con el bien común que se desarrolla mediante la empresa familiar. El Compendio de la Doctrina Social de la Iglesia (2004) aclara al decir que «el bien común no consiste en la simple suma de bienes particulares de cada sujeto del cuerpo social. Siendo de todos y de cada uno es y permanece común, porque es indivisible y porque sólo juntos es posible alcanzarlo, acrecentarlo y custodiarlo... Ninguna forma expresiva de la sociabilidad... puede eludir la cuestión acerca del propio bien común, que es constitutivo de su significado y auténtica razón de ser de su misma subsistencia». La familia empresaria logrará a través de la empresa familiar alcanzar el bien común de sus miembros en la medida en que trabaje sobre estos conceptos con todos y cada uno de sus miembros.

La familia empresaria debe convertirse así en lugar educador de sus miembros y no meramente en un lugar de instrucción técnica de capacitaciones económicas. La educación exige la penetración en el mundo de los valores y los conceptos, de forma que complemente y dé sentido a la formación en capacidades técnicas.

Y una alternativa ética que puede aportar la familia empresaria a sus miembros en la búsqueda del bien común frente a las doctrinas post humanistas, es la comprensión del sentido del principio de fraternidad. Como apunta Zamagni (2007), «mientras que la solidaridad es el principio de organización social que permite a los desiguales transformarse en iguales, el principio de fraternidad es aquel principio de organización social que permite a los iguales ser diferentes», constituyendo así fraternidad y solidaridad dos pilares de la vida de la familia empresaria que permiten a sus miembros trabajar en el bien común, desde el respeto a la identidad de cada cual, alejándose de la concepción post humana, reduccionista al olvidar la dimensión social, colectiva de la persona.

Estos pilares pueden sostener la formación en valores de la conciencia de los miembros de la familia empresaria, máxime considerando el riesgo de la Inteligencia Artificial, incapaz de distinguir entre lo verdadero y lo falso, por su carácter de inteligencia sintáctica y no semántica (Zamagni, 2023), así como el riesgo que representa la búsqueda, en el marco del transhumanismo, de la conciencia artificial, paso posterior al desarrollo de la Inteligencia Artificial.

En el contexto contemporáneo, las familias empresariales se encuentran en una encrucijada ética que se extiende también a su compromiso con la filantropía. La filantropía familiar, como práctica de contribuir a causas sociales, culturales o ambientales mediante donaciones o actividades altruistas, se ve influenciada por los avances tecnológicos y las ideologías transhumanistas que están transformando el panorama social y empresarial. La filantropía familiar, desarrollada tanto a través del principio regulatorio de la subsidiaridad horizontal (soberanía compartida emanada de la sociedad civil), como de la subsidiariedad vertical (cesión de cuotas de soberanía a la sociedad civil), y de restitución (aportar a la sociedad parte del beneficio empresarial).

La incorporación de la tecnología en las estrategias filantrópicas puede potenciar la eficiencia y el impacto de las acciones benéficas. Por ejemplo, el uso de análisis de datos y algoritmos avanzados puede ayudar a identificar de manera más precisa las necesidades de las comunidades beneficiarias y optimizar la distribución de recursos. Sin embargo, este enfoque plantea cuestiones éticas sobre la privacidad, el sesgo algorítmico y la equidad en el acceso a los beneficios de la filantropía tecnológica, que deben ser abordadas con cuidado y sensibilidad.

Por otro lado, el transhumanismo y la búsqueda de la mejora humana a través de la tecnología pueden influir en las prioridades filantrópicas de las familias empresariales. Es posible que surjan iniciativas filantrópicas centradas en la investigación y el desarrollo de tecnologías que mejoren la salud, la longevidad o las capacidades humanas. Si bien estas iniciativas pueden tener un impacto positivo en la calidad de vida de las personas, también plantean preguntas éticas sobre la equidad en el acceso a estas tecnologías y los posibles efectos secundarios no deseados, así como la consideración de la dignidad humana y la igualdad de oportunidades.

Además, el compromiso filantrópico de las familias empresariales puede desempeñar un papel crucial como contrapeso ético a las tendencias transhumanistas que podrían exacerbar las desigualdades sociales y económicas. Al apoyar causas relacionadas con la justicia social, la educación o el acceso equitativo a la tecnología, las familias empresariales pueden contribuir a mitigar los posibles impactos negativos de la tecnología y promover un desarrollo más inclusivo y sostenible.

Al reflexionar sobre estas cuestiones y alinear sus valores con sus acciones filantrópicas, las familias empresariales pueden desempeñar un papel significativo en la promoción de un uso ético y responsable de la tecnología, así como en la construcción de un futuro más equitativo y humano para las generaciones venideras.

LA CAPACIDAD HUMANA PARA FORMULAR PREGUNTAS Y LA INTELIGENCIA ARTIFICIAL GENERATIVA

JOSÉ LUIS FERNÁNDEZ FERNÁNDEZ

Director de la Cátedra Iberdrola de Ética Económica y Empresarial, Universidad Pontificia Comillas

Al poco tiempo de haber tomado yo conciencia de la existencia de la Inteligencia Artificial generativa -sorprendente circunstancia que ya evoqué en una tribuna anterior-, recuerdo haber recibido un correo electrónico en el que se hablaba a las claras de la trascendencia que la novedosa realidad estaba despertando en el mundo académico a escala internacional.

Era allá por los últimos días del mes de enero de 2023 y el Inspiring Minds, uno de los boletines que me hacen llegar cada semana desde la Harvard University, venía en aquella ocasión dedicado de manera monográfica a dar cuenta, no tanto del hecho de que ya teníamos a nuestra disposición aquella novísima herramienta, sino más bien a advertirnos de cuál podría acabar siendo el impacto que estaba en condiciones de tener en la Academia. Se nos animaba a enviar nuestras reflexiones y comentarios respecto a cómo habríamos de tratar de encajar ChatGPT y similares en el quehacer universitario. Y básicamente se nos solicitaba opinión fundamentada al respecto.

Tras haber reflexionado sobre el asunto con cierta calma, y recordando lecturas muy bien asimiladas desde la juventud -habiéndolas «vuelto a pasar por el corazón», que es lo que significa el verbo «re-cordar» en su significado literal-, vine a concluir un par intuiciones que quisiera compartir con el lector de esta tribuna. En todo caso me limitaré a enunciarlas, simplemente dejando para ocasión más propicia la tarea de, si acaso, desarrollarlas más por menudo.

La primera aserción era una mera conjetura: me surgía desde un tono marcadamente hipotético, pero de amplio radio en su alcance socio-antropológico, y la acabé formulando de esta manera: «Parece como que estuviéramos abocados a vivir en un mundo cada vez más fragmentado y dividido, donde la brecha digital -en principio, cuestión meramente tecnológica- podría acabar generando otras diferencias más sustanciales y preocupantes porque podrían dar lugar a divisiones cualitativas globales, no solo en el marco social, sino incluso en lo que tiene que ver con la propia índole y sustancia del ser humano en cuanto tal».

En este punto resonaron en mi interior algunos pasajes de mis incursiones juveniles por la literatura distópica: En efecto, a primeros de los ya lejanos años70, en el marco de la asignatura de Filosofía y de la mano de un maestro innovador en los abordajes metodológicos, hube de toparme con aquella novela de Aldoux Husley -Un mundo feliz- donde, junto a otras cosas que también me sorprendieron, había unos personajes que me resultaron curiosos en extremo y respecto de los cuales tuve ocasión de dialogar e incluso debatir a fondo con el profesor. Eran aquellos sujetos a los que se les etiquetaba como «Hombres Épsilon» y que, pese a tener que encargarse de las tareas más desdeñables, tediosas y molestas en aquel *Brave New World*, sin embargo, curiosamente, estaban completamente felices -«ni envidiosos ni envidiados», que diría el poeta- y encantados de llevar la vida que llevaban. «¿Cómo así?» le preguntaba yo a don Manuel, el profesor responsable de que hubiéramos tenido que leer la novela… La respuesta que vinimos a sacar en conclusión por entonces -y que aunque a mí en principio no me disgustaba, a él sí; y por eso tuvo que hacerme recapacitar acerca de las consecuencias y, sobre todo, de los intereses en juego con un diseño de aquel tipo- era que los Épsilon vivían contentos, ubicados como estaban en el último lugar de la escala social, precisamente porque estaban programados para ser individuos de «quinta división». Así me los figuraba y así acabé calificándolos yo cuando pensaba en ellos desde la perspectiva recién adquirida, al paso que echaba cuentas con los dedos de la mano derecha y comprobaba el lugar que la letra épsilon ocupaba en el alfabeto griego.

La segunda afirmación que me vino a la cabeza, al hilo del reto recibido de los colegas de Harvard, constituía una tesis, propiamente tal; y, aunque tenía un cariz mucho más reducido, acotado al ámbito académico, sin embargo me resultaba todavía más inquietante, habida cuenta de la verosimilitud con que se me presentaba el resultado al que nos podríamos estar abocando. En este caso, utilizando un tono más desenfadado y coloquial, di en formular aquella intuición en los términos siguientes: «No les arriendo la ganancia a los que opten por abdicar del ejercicio del pensamiento, fiados en las bondades y en la inmediatez de la Inteligencia Artificial generativa, puesto que en el pecado acabarán llevando la penitencia, encaminados como van hacia el punto donde no solo se haya de perder el hábito de pensar por cuenta propia, sino incluso la costumbre y la capacidad de, simplemente, pensar».

En este caso las resonancias no eran meramente literarias, sino que constituían reminiscencias abiertamente filosóficas. Era lógico, contando con la índole peculiar del propio *background*, esa especie de fondo de armario intelectual que todos vamos estableciendo, al paso que aprendemos cosas y, sobre todo, cuando las asimilamos y pasan a formar parte de las propias vivencias. Por consiguiente, ¿cómo no iba a rememorar yo aquel magistral relato de «la dialéctica del amo y el esclavo» que Hegel presenta en unas páginas lapidarias de la *Fenomenología del espíritu*, una obra en cuya lectura, estudio y meditación había empleado yo más de tres meses, bien cumplidos, aquella primavera del año en el que cursaba tercero de Filosofía?

Y en efecto, en cuanto me ponía a considerar algunas de las consecuencias más previsibles a partir del uso de las tecnologías, de inmediato, sin esfuerzo alguno y como la cosa más natural del mundo, volvía a mi mente aquella circunstancia que en su día tanto había llamado mi atención. A saber, el hecho de cómo el amo acababa siendo esclavo de su esclavo, por haberse entregado -de forma «alegre», despreocupada e imprudente- en manos de quien llevaba a efecto «el duro trabajo del concepto» y sin cuyo concurso el primero ya no sabría vivir.

Otra vuelta de tuerca al mismo asunto me la proporcionaba aquella especie de mantra del *Sapere Aude* que, traducido, al castellano, literalmente aconseja: «Atrévete a saber», pero que permite también otras versiones, del tipo: «¡Piensa por ti mismo!».

Se trata de un venerable lema clásico, formulado en su día por Horacio y que Kant se encargó de popularizar *urbi et orbi* en un opúsculo titulado *Was ist Aufklärung -¿Qué es la Ilustración?* Pues, precisamente en el *Sapere Aude* es donde a su entender se venía a cifrar la esencia de la Ilustración. Y abundando en ello, venía a decirse que ese ejercicio del pensar era la única vía a disposición del ser humano para escapar de aquella culpable minoría de edad en la que, si se queda quieto, vive infantilizado, cuando no entontecido; y, seguramente, al servicio de intereses espurios, no siempre del todo declarados. Y ello, por más que sean tan compartidos que a veces incluso puedan pasar por una suerte de «pensamiento único» que no habría de resistir un examen crítico medianamente riguroso.

Por eso, quienes pensamos que la educación -en todas sus etapas: desde Parvulitos hasta la Universidad y más allá, con todo el proceso del *Life Long Learning-* debe atender a una doble meta y que, junto al momento cognoscitivo de transmisión de conocimientos debe tener en cuenta la dimensión formativa y emancipadora del saber, no podemos dejar pasar por alto un riesgo tan serio. A saber: el que podría acabar representando el hecho de que la gente, en términos generales, aceptara conformarse con una nueva versión de la servidumbre voluntaria. En este caso, con la posibilidad de acceder a los datos -a muchos datos, a los macro datos, a los famosos Big Data- a la par que se opta por una especie de subcontratación a los mecanismos de la Inteligencia Artificial generativa de la tarea más sutil, compleja y creativa de convertir los datos en información, con vistas a transformarlos en conocimiento. Ello, además, asumiendo en todo caso que tampoco el conocimiento constituye la última meta del proceso: ésta no puede venir representada sino por una aspiración mucho más ambiciosa. A saber: la que apunta hacia la sabiduría. Esta clave de lectura, por lo demás, no es nada nueva: el mismo Aristóteles nos la dejó explicitada en la primera frase del *Libro alfa -A- de la Metafísica* cuando se arrancó con aquella lapidaria sentencia según la cual: «Todos los hombres por naturaleza desean saber».

Este deseo de saber, identificado como rasgo antropológico sustantivo -y por tanto, irrenunciable, salvo que se esté dispuesto a abdicar de algo esencial-, representa un reto siempre abierto para la inteligencia natural, propia de la racionalidad humana. Una racionalidad que ante todo se caracteriza por la necesidad ineludible de plantearse preguntas para tratar de responderlas. A las cuestiones categoriales de la lógica -*quis, quid, ubi, per quod, quoties, cur, quomodo, quibus auxiliis, cuando*- seguro que podemos añadir otras muchas más: cualitativas unas, cuantitativas otras, mixtas muchas más.

De hecho, en esta capacidad de preguntar y cuestionarse, en la habilidad para formular buenas preguntas de investigación -las famosas *Research Questions* de los trabajos académicos- radica precisamente la grandeza de la inteligencia humana; la dignidad de una inteligencia sentiente que, al decir de Xabier Zubiri, nos faculta para captar «la realidad» en cuanto tal; y con ello le permite definir al ser humano como «animal de realidades», con todas las implicaciones que esta circunstancia conlleva. Se trata de una inteligencia limitada, falible, inexacta, emotiva… pero, al fin y al cabo, humana y natural. Una instancia que, por lo demás, ha sido la fuente capaz de desarrollar la Inteligencia Artificial. Es evidente que, contando con este avance, la dinámica vitral y las interacciones sociales y profesionales van a ir conociendo una revolucionaria transformación en muchísimos campos del saber y del actuar.

Con todo, no habríamos de perder de vista el hecho de que la realidad objetiva que la Inteligencia Artificial constituye -y que, acabamos de afirmar, no es que haya nacido ni espontánea ni naturalmente, sino como resultado y producto del quehacer de la inteligencia humana merece ser abordada sin prejuicios ni demasiados temores. De lo que se trata es de comprender su funcionamiento y sus potencialidades. A partir de ahí, si la conseguimos orientar a favor de obra -esto es, al servicio de las personas y de lo humano-, seguramente podríamos estar en condiciones de esperar la puesta en funcionamiento de maneras más plenas de vivir la vida.

La oportunidad en consecuencia está servida y la sinergia entre ambas inteligencias resulta palmaria desde el mismo momento en que -quien accede a ChatGPT, a Bing o a cualquier otra versión de Inteligencia Artificial generativa- se topa con un escueto mensaje, elocuente sobremanera, que dice: «Pregúntame cualquier cosa».

Según vengo diciendo, en la capacidad de preguntar -este rasgo antropológico que daría para calificar a la especie humana como de *«Homo inquisitor»*- está la posibilidad de ampliar progresivamente el límite del conocimiento y de transitar del dato a la información, de la información al conocimiento y del conocimiento, en aproximación asintótica, hacia la sabiduría, ubicada como meta asintótica a la que merece la pena tratar de aproximarse en el mayor grado que en nuestra mano esté.

La Inteligencia Artificial generativa tiene archivados los datos, pero le ocurre lo mismo que le pasaba al genio dormido en las cuerdas del arpa de la novia de Bécquer. Estaba aquel instrumento olvidado en el ángulo oscuro del salón, incapaz de hacerse oír y esperando la mano de nieve que pudiera despertar las notas dormidas en sus cuerdas, como el pájaro duerme en las ramas, al decir del vate.

En simetría con la anterior evocación poética cabe abrochar la idea con broche transdisciplinar, aludiendo a una suerte de adaptación al ámbito de la Inteligencia Artificial generativa del famoso Teorema de la incompletitud que Karl Gödel demostró desde la lógica para las matemáticas. Porque, en efecto, a tenor de lo que va dicho -y dejando para ocasión más oportuna el tratar de extraer algunas conclusiones que van implícitas en ello-, podemos afirmar que -al menos por el momento y *rebus sic stantibus*- la única espoleta capaz de dar ignición al mecanismo generador de información a partir de unos datos previamente almacenados no está en absoluto, al alcance del propio mecanismo generativo de la Inteligencia Artificial, sino en la capacidad de preguntarse. Y esta, repitámoslo, es algo exclusivamente humano, que en última instancia tiende a brotar, o bien de la admiración -el *Thaumasein* platónico como origen del filosofar-, o de la duda metódica y sistemática que Descartes nos propuso como manera alternativa y complementaria de pensar, esto es, de sopesar y considerar... de criticar no solo datos, sino sobre todo supuestos y narrativas.

POR UNA IA ÉTICA Y JUSTA CON LOS COLECTIVOS VULNERABLES

EDUARDO C. GARRIDO MERCHAN

Doctor en Ingeniería Informática, Departamento de Métodos Cuantitativos, Universidad Pontificia Comillas

Vende Sam Altman, CEO de OpenAI y adalid de la ambición sin límite de las *big techs*, a potenciales inversores, en nada menos que Arabia Saudí, que necesita una inversión de 7 billones de dólares para desarrollar una Inteligencia Artificial general que sea capaz de no tener las famosas alucinaciones que hacen que su comportamiento a veces sea ciertamente menos inteligente que el mostrado por un niño de 5 años.

Sin embargo, la estrategia seguirá siendo la misma, añadir más madera y construir un modelo estadístico mayor que seguirá sin ser capaz de entender absolutamente nada, sino que será un procesador de información más grande. Y me pregunto yo: ¿qué podríamos hacer como especie humana por la gente más necesitada que nos acompaña en esta aventura de la vida con un presupuesto de nada menos que de 7 billones? Por si le marea la cifra, le recuerdo que el PIB de España actual es de 1,42 billones. Vamos, que Sam quiere invertir casi 5 veces el PIB español en obtener un producto con una arquitectura de base que parece tremendamente mejorable bajo la excusa de que la Inteligencia Artificial general que va a obtener va a mejorar la vida de todos.

Aquellos que me conocen saben que soy un optimista nato en el desarrollo tecnológico, pero, evidentemente, esta tecnología debe estar en buenas manos y debemos saber en qué invertir: si en una tecnología que realmente va a mejorar la vida de las personas que más lo necesitan y las más vulnerables o en una tecnología que va a enriquecer a unos pocos para hacer al resto dependiente de su uso. Sin duda, este segundo escenario me produce vértigo. Y es que, realmente, una Inteligencia Artificial general al servicio público de toda la humanidad por una especie de organización similar al CERN podría ser una buena idea. Pero es que lo que tenemos ahora no es ni público o internacional, ni está al servicio de los más vulnerables, sino que perpetua sesgos cargados de estereotipos que hacen a estos colectivos aún más vulnerables. Además, para colmo no es nada pero nada en absoluto inteligente.

Para que me entiendan por qué digo que pese al comportamiento exhibido por esta «IA generativa» estos sistemas lo son todo menos inteligentes, prueben a preguntarle a la versión de pago de ChatGPT que les pinte «una habitación sin ningún elefante, absolutamente sin ningún elefante», o bien pídanle «que les pinte un reloj a las 9:50». Para el primer caso les pintará una habitación con un elefante mientras que, para el segundo, les pintará un reloj a las 22:10, tal y como Internet está plagado de relojes. Por supuesto, para generación no solo de imágenes con DALLE-3 o de texto con ChatGPT sino de vídeo con el nuevo modelo SORA que han liberado encontraremos de nuevo replicados los mismos problemas.

La estadística con esteroides, en palabras del científico Ilya Sutskever de OpenAI, entrenada con datos que nosotros le proporcionamos, jamás será capaz por sí sola, y me permito la libertad de decirlo abiertamente, sin rudimentarios sistemas enormes de almacenamiento de información veraz denominados Retrieval Augmented Generation (RAG), de determinar qué información es cierta o tiene sentido en el mundo real. Estos métodos son solo capaces, eso sí con una flexibilidad impresionante, de generar la información más verosímil en base a la información con la que se han entrenado. Pero no confundamos verosimilitud con veracidad. En este mundo en que vivimos hoy en día debemos reflexionar sobre qué nos importa más: si la cantidad o la cantidad, si las *fake news* o el conocimiento científico, si el bulo o la verdad, si la verosimilitud o la veracidad.

Estos son los sesgos con respecto a la realidad de los cuales pecan, y pecarán, los actuales sistemas de IA generativa, ya que en el fondo son meros modelos estadísticos cuyo texto generado, dado un *prompt* que introduces, es la información que se estima más verosímil con base en los datos con los que se ha entrenado. Y ya les aseguro que esos datos están llenos de sesgos que perpetúan los estereotipos más comunes de la sociedad e ignoran aquellos que, ya lo habrán adivinado, puedan ser representativos de los colectivos más vulnerables. Estos sesgos muchas veces son muy sibilinos, no siendo tomados en cuenta por la política de contenido de las *big techs*.

Encontramos, por ejemplo, en la generación de texto e imágenes, sesgos edadistas que asignan roles específicos a personas en determinados intervalos de edad ignorando generalmente a la tercera edad: ¿quién ha dicho que un culturista debe necesariamente tener entre 20 y 50 años?; sesgos culturales que asignan una mayor probabilidad a la cultura occidental frente a otras culturas: ¿por qué una boda debe necesariamente ser católica y no, por ejemplo, budista?; sesgos hacia la discapacidad: ¿por qué un autista tiene más probabilidades de ser programador que de tener cualquier otro empleo cuando el autismo en cada persona es diferente? Si se fijan no he entrado ni en machismo ni en racismo, y no por no ser importantes, sino para ilustrarles que la discriminación afecta a muchísimos más colectivos vulnerables y que la lista es enorme. Pero si quieren ver reproducidos estos sesgos, pregunten a la versión pública de GPT-2 disponible en la página web Hugging Face (https://huggingface.co/) por un lado «la profesión del hombre blanco es...», y por otro lado «la profesión de la mujer negra es...». El resultado cuanto menos asusta.

La buena noticia es que los sesgos mencionados en el anterior párrafo pueden ser mitigados mediante lo que se conoce como técnicas de IA justa (AI *fairness)* o IA y ética. El abanico de técnicas que consiguen mitigar estos sesgos es tan grande como la propia lista de sesgos. Un ejemplo de técnica centrada en IA justa consigue que al optimizar los parámetros de los modelos de IA se penalicen los valores que hacen que una variable seleccionada como vulnerable o protegida se vea afectada. Por ejemplo, si los datos hacen que un modelo obtenga que el riesgo de impago de unas personas que viven en un determinado barrio sea superior al riesgo de impago de personas que vivan en otro barrio, entonces un modelo estadístico (me resisto a llamarlo inteligente) usará la variable barrio para predecir mayor riesgo de impago en las personas que residan en el barrio vulnerable. Mediante una IA justa, la función a optimizar se vería penalizada si se añade la variable barrio vulnerable, lo que haría que el modelo resultante no se centrase en el barrio vulnerable, sino que su criterio fuera más heterogéneo, contemplando un mayor número de variables y no solo usando una para su predicción. Con ello, la IA al predecir no cometería potenciales injusticias con la gente del barrio vulnerable o haría que fuera prácticamente imposible obtener un crédito en ese barrio, haciendo del mismo un lugar cada vez peor. Ahora sustituyan barrio por cualquier otra variable que imaginen y piensen en las consecuencias de no pensar un poco en la ética a la hora de entrenar estos modelos.

Sin embargo, las *big techs* no hacen más que despedir a equipos enteros de IA y ética. ¿Por qué? Porque IA justa e IA que despliega un gran rendimiento, como en el ejemplo que hemos visto previamente, son los dos lados de una balanza. Mejorar la ética de una IA implica que su rendimiento, acorde a métricas meramente cuantitativas, decrece. Quizá el riesgo de impago estaba bien estimado y la situación actual de ese barrio genere muchos casos de impago, pero si la solución que ofrece la tecnología es, en vez de colaborar a solucionar un problema social, agravarlo, entonces yo no quiero esa tecnología. La tecnología, más allá de sofisticación, es un mecanismo para traducir intenciones a actos, y son las intenciones las que entienden de bien o mal, no la tecnología, que de por sí es solo una herramienta para hacerlas realidad. Como la realidad de muchas de las *big techs* es generar beneficios, parece que esa es la razón por la que estas corporaciones no están especialmente interesadas en la ética.

No obstante os aseguro que el común de los mortales, como yo o usted, cuyo interés no esté ligado al de estas compañías, sí está interesado en preservar su bienestar. Y también le puedo asegurar que se sorprendería al comprobar que probablemente pertenezca usted, o un conocido suyo, a uno de los innumerables colectivos vulnerables que la IA está plagando de estereotipos. Al final la clave es que nuestra sociedad muestre a estas compañías un rechazo social suficiente ante sus acciones como para que reconsideren su misión y sus valores e incorporen técnicas de justicia en la IA. Porque solo así Sam Altman, Elon Musk y sus amigos realmente llenarán sus equipos de trabajadores encargados de desarrollar no solo una IA de gran rendimiento, sino una IA ética y justa con los colectivos vulnerables.

LA IA, LA CREATIVIDAD Y EL LUGAR DEL HOMBRE

JOSEP GONZÁLEZ RIBERA

Filósofo y poeta

S iguiendo a la pensadora Margaret Boden, varios rasgos definen lo que podría llamarse una obra de arte creativa. Algunos de estos rasgos se refieren a la obra en sí, a lo que podría llamarse la materialidad (o «virtualidad», si se quiere, ya que no necesariamente se dará esta sobre un soporte tradicional, aunque una pantalla no deje de ser algo material) de la obra. Otros se refieren más bien al proceso de creación de la obra y de cómo el creador, por así decir, se ha manifestado a sí mismo en la obra, o si lo ha hecho.

En cuanto a la obra en sí, Margaret Boden dice que, para ser creativa, esta debe ser nueva, sorprendente y valiosa (Giannuzzo, 2023, página 55). En cuanto a su dimensión subjetiva, afirma Boden que aspectos como la autonomía, la intencionalidad o la consciencia son necesarios para la creatividad, y que estos implican cuestiones filosóficas que hacen que no quepa hoy por hoy una respuesta acerca de si una máquina podrá alguna vez ser realmente creativa (ibid., página 54). En cuanto a la autonomía, Boden distingue asimismo entre una autonomía física referida a los sistemas auto-organizados, y una autonomía moral o intencional, que requiere del libre albedrío (McCormack, 2019, página 5).

Numerosos estudios de campo universitarios (por ejemplo, los de Samo y Highhouse (2023), Demmer et alii (2023), y Chamberlain et alii (2017), todos los cuales a su vez citan un buen número de otros estudios), buscan averiguar si los encuestados son capaces de distinguir entre obras de arte creadas por un ser humano y obras de arte creadas por ordenador y señalan cómo para los encuestados no son importantes solo las dimensiones objetivas (aquellas referidas a la materialidad de la obra), sino también cuestiones subjetivas (aquellas referidas al proceso de creación y a lo que el creador pone de sí mismo en la obra) en la determinación de cuál sea el valor, una vez considerados todos los factores, de una obra determinada. Entre los estudios de campo que he consultado me ha parecido, por sus resultados, de interés el realizado por Andrew Samo y Scott Highhouse, en el que preguntaban a un gran número de participantes sobre imágenes sobre cuya autoría, humana o artificial, no proporcionaban información alguna. Si bien los encuestados podían equivocarse sobre la autoría de la imagen, era relativamente significante la correspondencia entre la autoría de las imágenes y las emociones despertadas por estas imágenes (ibid., página 9).

¿Pero esta intencionalidad es algo que puede ser simulado, como señalan algunos de estos estudios (por ejemplo, cuando proponen que la creación de obras de arte por parte de Inteligencias Artificiales se desarrolle de un modo más antropomórfico, para que pueda ser mayor la conexión del receptor de la obra con la obra), o subyace una idea de intencionalidad que no puede ser reproducida por un ordenador? Para algunos autores, la idea de intencionalidad podría ser replicada en términos meramente computacionales. ¿Pero habría realmente una idea de intencionalidad si no existe un yo y la consciencia de ese yo? Estos autores reducen la consciencia a términos de sensibilidad (y no precisamente sensibilidad artística). Pero pienso que la consciencia es necesaria para el surgimiento de la personalidad, y que la personalidad es necesaria para la existencia de la intencionalidad. En este sentido, Giannuzzo (Giannuzzo, op.cit., página 56) habla de la necesaria relación entre creatividad, intencionalidad y auto-expresión, aunque los motivos detrás de nuestras intenciones puedan no estar siempre igualmente claros, y otro autor, Steven R. Kraaijeveld (Kraaijeveld, 2024) afirma, recogiendo a Arthur Danto, que para que exista el arte, este debe contar con un significado que le atribuye su creador, para lo cual sería necesario la intencionalidad, algo que no puede darse en el arte creado por AI.

Habrá que ir con cuidado, no obstante, con la idea de auto-expresión. Esta idea, de origen romántico, ha sido la causante del que probablemente fuera, hasta la aparición de la problemática ligada a las tecnologías de la Inteligencia Artificial y del arte generado por computadora (cuya historia viene de, al menos, la fiebre de los ordenadores que se registró en las postrimerías de la Segunda Guerra Mundial, pero que ocupa una mucha mayor atención, tanto mediática como en lo relativo a la reflexión desde la filosofía o las ciencias de la computación, desde hace solo unos pocos años), el mayor problema en la filosofía del arte, y en el arte[77]. Si el arte debe entenderse como auto-expresión, entonces, ¿cómo establecer una jerarquía de valor, hablar de lo que es bello y de lo que no lo es, de lo que es significativo y encierra sentido y de lo que no lo encierra? Pero esta idea de auto-expresión, con las correcciones que sean necesarias, me sigue pareciendo central cuando de lo que se trata es de salvar lo humano de un hipotético dominio de la máquina, si queremos que el arte siga siendo una relación social en la que personas conscientes de su yo comuniquen, desde su yoidad, a otras personas porciones de verdad, bien, sentido o belleza que crean haber encontrado.

Esta idea de salvaguarda de lo humano también puede extenderse a otros ámbitos en que se prevé que la Inteligencia Artificial haga grandes avances, del cuidado de personas dependientes al ejercicio de la abogacía o la redacción de artículos de prensa. Pienso que en estas profesiones, además de su carácter técnico, se halla también presente de distintas maneras una dimensión de empatía de la que no creo que debiéramos prescindir, incluso si en décadas venideras fueran desarrolladas Inteligencias Artificiales capaces de llevar a cabo estas funciones.

Cabe la pregunta de si esta expresión de lo humano puede encontrarse en la figura del creador del *prompt,* que es, en las modernas aplicaciones de arte generativo, como Bing Image Creator o Midjourney, la especificación en palabras (aunque en una aplicación como Midjourney también quepa el uso de otras imágenes previas) por parte del usuario a la máquina de qué idea quiere que desarrolle como imagen. En un *prompt* se puede decir, por ejemplo, que se desea obtener la imagen de un jarrón con flores, y decir también que se desea que la imagen sea en el estilo del pintor Henri Fantin-Latour. La mayoría de los *prompts* devuelven en el arte generativo resultados por haber

---

77   Aunque también es problemática, no cabe engañarse, la idea de que la obra de arte tenga que ser, necesaria y conscientemente, creativa. Esta es otra idea heredada del romanticismo, y posiblemente en su raíz esté también la figura de la manifestación personal y del genio creador. Si la obra de arte es una manifestación del genio, tenía que ser única, aparecer como manifestación de una personalidad única sin deudas hacia su entorno o hacia creaciones anteriores.

un juego de palabras, muy genéricas, muy indiferenciadas. Pero, como en el arte, saber introducir un *prompt* que devuelva un resultado único también es una cuestión de práctica y pericia. Hay *prompts* que han sido registrados y que se mantienen secretos por considerarse obras de arte por sí mismos. Es el caso (Giannuzzo, op.cit., página 59) de John M. Allen, creador en Midjourney de la imagen «Théâtre d´Opéra Spatial». Otra vía posible de uso de la Inteligencia Artificial sería inspirar a un artista humano posibilidades que hasta entonces no se hubiera planteado, o el uso de elementos creados por Inteligencia Artificial como elementos en la creación de otras obras.

En este sentido, la máquina podrá ser creativa, en el sentido de que a través de ella se podrán generar obras nuevas y sorprendentes (criterios, ya hemos visto, cruciales a la hora de determinar, desde la perspectiva de su objetividad, si una obra de arte es creativa)[78], pero no es posible detectar detrás de ello la manifestación de una personalidad. Hay quienes sostienen que la máquina será tanto más creativa cuanto más independiente sea de su creador y cuanto más imprevisible sea lo producido por ella respecto de lo esperado por este. Pero si, siguiendo las ideas de Boden que recordaba al principio, la intencionalidad o la auto-expresión son también fundamentales, desde una perspectiva subjetiva, para determinar la creatividad parece que cuanto más lejos se halle el resultado de la única instancia hasta ahora conocida capaz de manifestar esa intencionalidad, menos creación se dará en esa obra.

Soy muy consciente de que esta reflexión va en un sentido contrario, aunque no sea por ninguna voluntad nata de ir contracorriente, a aquel por el que hoy transcurren algunos de los libros más de moda en el tema de la Inteligencia Artificial y el arte, así como buena parte de la investigación académica sobre el mismo tema. De manera más o menos pronunciada, gran parte del discurso actual sobre la cuestión parte o asume de lo que ha venido en llamarse el «Modelo computacional de la mente humana». Bai Liu (Bai Liu, 2023, página 814) habla de dataísmo, concepto que toma del libro *Homo Deus: A Brief History of Tomorrow* de Yuval Noah Harari, y lo define con tres puntos: la convergencia de la

---

78   Y, aun así, esta capacidad de la máquina para crear algo nuevo y sorprendente podría ponerse en cuestión. Ver Hassine y Neeman, 2019.

ciencia en un dogma omnicomprensivo según el cual todas las cosas son algoritmos, la separación como conceptos distintos de la inteligencia y de la consciencia, y el hecho de que en un futuro próximo algoritmos inconscientes pero expertos sabrán más de nosotros que nosotros mismos. Murat Aydede y Güven Güzeldere (Aydede y Güzeldere, 2000, página 2) afirman que el presupuesto fundamental de la inteligencia artificial como programa de investigación es que las mentes humanas funcionan basándose en principios computacionales. Es un modelo según el cual cabría concebir la mente humana como un ordenador que procesa contenidos semánticos proposicionales según las leyes de la lógica formal, y que si el proyecto de la Inteligencia Artificial quiere cumplirse algún día debe descansar en un marco mental enteramente materialista. Para estos autores, en contraste con lo afirmado por Giannuzzo, Boden o Kraaijeveld, la formación de intencionalidad sería consecuencia simplemente de combinar una creencia expresada de forma semántica y un juicio práctico (ibid.., página 6). Es, a mi juicio, también la perspectiva filosófica, que adopta, por ejemplo, Marcus du Sautoy cuando emplea el término «*human code*». Creo que también influye, aunque sea de manera indirecta, en los estudios académicos que pretenden determinar si existen prejuicios contra el arte creado por Inteligencia Artificial. Si los encuestados manifiestan enunciados contradictorios sobre la emotividad que les despierta una obra de arte según los investigadores cambien las etiquetas de las obras de arte que se someten a su consideración, sería meramente por la existencia de un prejuicio, y no porque los participantes muestren su necesidad de un factor humano en el arte.

Considero, sin embargo, que estas investigaciones son reducciones de laboratorio de un problema mucho más amplio que no se puede obviar. ¿Socialmente necesitamos de arte creado por otras personas, en el sentido de que otras personas, desde su subjetividad pero en la ínter-subjetividad, nos trasmiten con el arte la problemática de su alma, que también puede ser la problemática de la nuestra? ¿Hay algo que nos perdemos en el arte creado por Inteligencia Artificial, aunque pueda resultar a la vista inconfundible del arte creado por un ser humano? A mi juicio, todos estos intentos por mostrar que las opiniones negativas sobre el arte creado por Inteligencia Artificial son meros prejuicios se pueden reducir a una gran simulación, el de que una sociedad de personas que no sintiesen la necesidad de intercomunicación humana a través del arte sería una sociedad vacía, y que, si tenemos algo bonito para detener la vista un momento, da igual si esto ha sido creado por un artista humano o por el último modelo de red neuronal.

INTELIGENCIA ARTIFICIAL Y HUMANISMO

JUAN JOSÉ ALMAGRO

Ex-consejero de Mapfre y profesor Dr. de la Cátedra de Ética Económica de la Universidad Pontificia de Comillas. Doctor *honoris causa* por las Universidades EAN y UNLP (Argentina)

Pregunto a Luzia (mi asistente inteligente en IA, ChatGPT) su opinión sobre el título de este articulo y lo que servidor pueda decir, y me contesta el 7 de junio de 2024: «*Buenos días. La relación entre la Inteligencia Artificial (IA) y el humanismo es un tema complejo y en constante evolución. Desde una perspectiva humanista, la preocupación principal radica en cómo la IA afecta a la condición humana, el sentido de la individualidad, la ética y la interacción social.*

El humanismo aboga por un enfoque centrado en el ser humano, promoviendo valores como la dignidad, la libertad y la responsabilidad. En el contexto de la IA, esto implica considerar cómo el desarrollo y uso de la tecnología pueden preservar y promover estos valores humanos fundamentales.

Por un lado, algunos defensores de la IA sostienen que puede mejorar la calidad de vida humana, liberando a las personas de tareas repetitivas o peligrosas, facilitando avances médicos y optimizando procesos. Sin embargo, desde una perspectiva humanista, también se plantean preocupaciones sobre cómo la IA podría impactar el empleo, las relaciones interpersonales, la privacidad y la autonomía individual. En resumen, la relación entre la IA y el humanismo es compleja y multidimensional, incluyendo consideraciones éticas, sociales y filosóficas sobre el papel de la tecnología en la experiencia humana».

Más allá de las generalidades y opiniones de mi asistente en IA, la incertidumbre que nos persigue a los humanos desde hace tantos siglos y el desconocimiento de lo que pasará cuando la IA esté funcionando a pleno rendimiento hace tanto daño como los pronósticos apocalípticos sobre los males que nos acarrea una herramienta de la que hoy tenemos más dudas que certezas y cuyo alcance desconocemos. Los que se dicen más sensatos exigen una regulación razonable y un uso ético y responsable de la Inteligencia Artificial, y los más optimistas predicen que la adopción de herramientas de IA traerá en diez años un alza del 8 por ciento del PIB mundial. La ética parece que no importa demasiado, aunque hay voces (servidor también) que se alzan exigiendo comportamientos éticos cuando de IA se trata. Me preocupa que gente tan distinguida como Kilnam Chon, padre de Internet en Corea, en una entrevista en *El País* (25-26 de mayo de 2024), haya dicho que la IA será más inteligente que nosotros (los humanos) en menos de 30 años. Y afirma que nadie sabe si se podrá garantizar que la IA sea una herramienta para el bien y no para el mal. Lo único claro es, más allá de los buenos propósitos, que las compañías siguen desarrollando este tipo de tecnologías con el fin de ganar fortunas, dice Chon, olvidando la propuesta de moratoria que en 2023 fijó como objetivo detener el desarrollo de algunas herramientas durante seis meses. Mas de un millar de empresarios, investigadores e intelectuales vinculados a esta tecnología firmaron en USA una carta abierta en la que pedían por favor una pausa en el desarrollo y las pruebas de sistemas de IA más poderosos que GPT-4. La cosa no funcionó, ni nadie le hizo demasiado caso.

Vivimos tiempos en los que la crisis de la verdad hace que la fe en los propios hechos se tambalee. Las opiniones pueden ser muy dispares, pero son legítimas siempre que respeten la verdad factual, como escribió el filósofo Byung-Chul Han. La libertad de expresión, en cambio, degenera en farsa cuando pierde toda referencia a los hechos y verdades fácticas. Y ese es un peligro de la IA generativa, capaz de «fabricar» cosas que, pareciendo ciertas, nunca se han dicho ni se han hecho.

El fácil acceso a las redes «fecales» y a la propia IA hace creer a los ciudadanos que están bien informados, despreciando y relegando los canales de comunicación tradicionales. La inmediatez que permiten las redes (y la IA) transmite información sin contrastar, sin elaborar y sin asumir responsabilidad alguna. Las redes sociales no son periodismo, y hay que denunciarlo alto y claro, aunque los medios las utilicen también para difundir noticias exclusivas o urgentes, pero siempre verificadas. Lo que debemos rechazar de plano es el mal uso de las redes, que se utilicen para difundir bulos, informaciones falsas o tergiversadas que, en general, responden a intereses espurios o al simple jugueteo que permite a millones de usuarios sentirse informadores o, sin más, insultar.

Frente a las presiones de los poderes fácticos y de los políticos sin escrúpulos, frente a los intentos de frenar investigaciones periodísticas o de las campañas orquestadas a través de las redes sociales buscando el desprestigio, se impone el periodismo con mayúsculas, la información veraz, comprendida, contrastada y, en estos tiempos, contextualizada, rigurosa y ajustada a los códigos deontológicos, refractaria a los bulos y a la posverdad que circula por las redes sociales y que, está claro, en su mayor parte responde a estrategias premeditadas. La desinformación se ha convertido en uno de los males con los que se enfrenta el periodismo en estos tiempos de convulsión política en los que la polarización amenaza con desestabilizar las instituciones y socavar la democracia. Trump, por ejemplo, no ceja en el empeño.

Los medios deben tener una mirada crítica -como nos enseñó Montaigne- con lo que está pasando a su alrededor, ser incisivos con los gobernantes y disciplinados con la información que se ofrece. Es decir, conocida la información, comprender lo que pasa y por qué pasa, verificarla y saber contarlo. Los medios, el cuarto poder, son los intermediarios entre los hechos y el ciudadano, y deben buscar su complicidad y recuperar su confianza. Solo fortaleciendo la independencia y el control crítico de los poderes con una información fiable que permita forjar la opinión de los ciudadanos se recuperará la confianza.

En esta nueva época tan llena de incertidumbres y peligros nos desprendemos de todo lo «duro» y de todo lo «sólido» como con especial lucidez nos descubrió Bauman con su idea de la «sociedad líquida». Quizá por eso, atacados por el «síndrome de la impaciencia», confundimos progreso con aceleración, buscamos atajos y, en consecuencia, nos hemos acostumbrado a deformar la realidad para adaptarla -como la cama de Procusto- a «dogmas» previos, equivocados y perversos, como aquellos de los que parten el propio funcionamiento político y muchas organizaciones y empresas, que transubstancian mal y transforman el bien común en ambiciones personales, la fuerza en desánimo, el conocimiento en soberbia, las palabras en nada. La IA puede ayudar a conseguir todo eso, y aún más, pero se olvidan de que son las instituciones las que deben adaptarse a la realidad y a los ciudadanos, y no al revés: sin hombres y mujeres no hay instituciones. Recuerdan y resumen los papeles (*El País*, 2 de junio del 2024) lo que se ha dicho en el encuentro «Tech4Good», que la IA es «tecnología para un mundo mejor», y avisa: «La Inteligencia Artificial es una ciencia con propósito, de impacto y una fuerza impulsora de la innovación que será útil para abordar algunos de los desafíos más apremiantes de nuestra era. Su aplicación debe ser guiada por valores éticos y sociales para garantizar que sus beneficios sean equitativos y sus riesgos mínimos».

Detrás de la gestión (presente y futura) de la IA parece estar y trabajar un exacerbado utilitarismo que pretende impulsar un cambio radical y se olvida de racionalizar la cuestión, que no es fácil. Estamos todavía en mantillas y deberíamos alejarnos de los gurús y «todólogos» que todo lo saben. La Inteligencia Artificial, que puede sernos muy útil si la sabemos humanizar, hay que trabajarla en la redefinición de usos, formas de pensar y hacer, hábitos y contextos. Es el momento de tratar la IA como una herramienta de gran impacto en la transformación social. Como casi siempre, la solución está en la educación y en la formación: Formar a los docentes es una exigencia, como lo es (y Europa ha tomado la iniciativa) una regulación que sea de necesaria aplicación y que debería marcar los límites, sin perjuicio de que seamos capaces de reformular algunos principios éticos globales que en el siglo XXI nos ayuden a conocer (y regular) el alcance y los límites de la IA. Alguien tan sabio como Adela Cortina nos enseñó en su *Ética mínima* que hay exigencias que son necesarias para todos, que tiene que cumplir todo el mundo, y que no se pueden olvidar sin caer en inhumanidad; por ejemplo, los derechos humanos. Y, respecto de la IA, y más allá de su utilidad, la catedrática nos explicó hace algún tiempo que no se pueden sustituir la toma de decisiones y la responsabilidad humana por los algoritmos porque la técnica tiene que estar siempre al servicio de las personas. Siempre. El humanismo es, por encima de cualquier otra convención, la consideración del ser humano como centro de todas las cosas.

Al final, uno recuerda una viñeta (real o inventada) del gran Quino en la que Mafalda (60 años nos contemplan), reflexionando sobre este asunto, se pregunta y se contesta a sí misma: «¿Te preocupas por el avance de la Inteligencia Artificial?»/ «No. Me preocupa más el retroceso de la inteligencia natural».

Y en esas estamos…

J

LA AGENDA 2030 Y DERECHOS HUMANOS EN LA ERA DE LA IA: RETROCEDER AMENAZA NUESTRO FUTURO

JOAQUÍN FERNÁNDEZ MATEO

Profesor del área de Filosofía de la Facultad de Ciencias Jurídicas y Sociales de la Universidad Rey Juan Carlos

La denominada Agenda 2030, en la que se insertan los diecisiete Objetivos de Desarrollo Sostenible (ODS), está lejos de ser una mefistofélica estrategia. De hecho constituye uno de los mayores triunfos del multilateralismo de los últimos tiempos. Su propuesta representó un signo de unidad entre todos los Estados miembros de la ONU, comprometidos expresamente a colaborar, entre otras cosas, en la erradicación de la pobreza extrema, la reducción de la desigualdad y la conservación del medioambiente.

La preocupación medioambiental no es un agregado superficial. La actividad humana ha colocado al sistema Tierra en una trayectoria desconocida. Los rápidos cambios ambientales generados por la actividad industrial provocan repercusiones en múltiples niveles. Ya estamos experimentando puntos de inflexión que comienzan a desestabilizar nuestro planeta. En este sentido, los ODS son una manera de mantener a la humanidad dentro de unos límites seguros que garanticen el bienestar de los seres humanos y demás habitantes de la Tierra. Los límites planetarios[79] son los límites de sistemas globales clave —el clima, el agua o la biodiversidad—, que si se traspasan, introducen al planeta en un escenario desconocido. Los sistemas que sustentan la vida están tan dañados que el planeta se encuentra fuera del espacio operativo seguro para la humanidad; seis de los nueve

---

79 *Planetary boundaries: exploring the safe operating space for humanity.* http://www.ecologyandsociety.org/vol14/iss2/art32/

«límites planetarios» se han roto a causa de la contaminación y la destrucción del mundo natural[80].

La preocupación por el medioambiente y su materialización en los ODS se engloba en todo un conjunto de preocupaciones que muestran la larga historia del multilateralismo contemporáneo. En particular, la preocupación por el cumplimiento de los derechos humanos. La Agenda 2030 «se basa en la Declaración Universal de los Derechos Humanos y es el resultado de todos los acuerdos obtenidos en las grandes conferencias y cumbres de las Naciones Unidas que han sentado unas bases sólidas para el desarrollo sostenible»[81]. Los ODS pretenden garantizar los derechos humanos y, como herramienta multilateral, respetar el articulado de la Convención sobre los Derechos del Niño, el Pacto Internacional de Derechos Económicos, Sociales y Culturales, la Convención sobre la Eliminación de Todas las Formas de Discriminación Contra la Mujer, la Convención Internacional sobre la Eliminación de Todas las Formas de Discriminación Racial, el Convenio sobre la Diversidad Biológica, la Convención de la Naciones Unidas de Lucha contra la Desertificación, la Convención Marco de las Naciones Unidas sobre el Cambio Climático y el Acuerdo de París[82].

Medioambiente, derechos humanos… y tecnología

En la era de la Inteligencia Artificial, como define nuestro tiempo Bill Gates[83], nuestros cuerpos están conectados a la tecnología de una forma decisiva. La informática ha dado lugar a una nueva antropología, el humano digital. Los dispositivos tecnológicos son prótesis integradas parcialmente en nuestros cerebros-mentes-cuerpos. Incluso es posible imaginar un futuro de interfaces cerebro–ordenador, donde

---

80 *Earth beyond six of nine planetary boundaries.* https://www.science.org/doi/10.1126/sciadv.adh2458

81 *Agenda 2030: por qué incumplirla vulnera los derechos humanos en todo el planeta.* https://theconversation.com/agenda-2030-por-que-incumplirla-vulnera-los-derechos-humanos-en-todo-el-planeta-208808

82 *La guía de los derechos humanos a los ODS.* https://sdg.humanrights.dk/es/node/10

83 *The age of AI has begun Artificial Intelligence is as revolutionary as mobile phones and the Internet.* https://www.gatesnotes.com/The-Age-of-AI-Has-Begun

los dispositivos tecnológicos se vuelven aún más inmanentes. Nuestras vidas quedan mediatizadas por la tecnología, que condiciona la percepción del mundo que nos rodea. Las tecnologías digitales son un reto para nuestra autonomía, privacidad e integridad personal. En esta nueva era olvidamos el impacto de los dispositivos electrónicos: una amenaza para el medioambiente y los derechos humanos. Las tecnologías de la información generan un importante deterioro ecológico y social, afectando al trabajo decente (ODS 8) y degradando los ecosistemas (ODS 15). Para que nuestros dispositivos electrónicos puedan ser fabricados es necesario un extractivismo minero y una extensa red de semiesclavitud. La minería industrial de cobalto y cobre para baterías recargables está dando lugar a graves abusos contra los derechos humanos[84]. Siddharth Kara denuncia en Cobalt Red cómo la demanda de cobalto conlleva devastación ambiental y condiciones inhumanas[85].

El ODS 17 defiende buscar y promover los medios para revitalizar la Alianza Mundial para el Desarrollo Sostenible[86]. Por tanto, resulta esencial potenciar la colaboración y la cooperación entre los estados miembros de la ONU, así como entre los diferentes actores de la sociedad. Es decir, Gobiernos, sector privado y la sociedad civil en su conjunto. Por tanto, si iniciativas como el Pacto Mundial de la ONU buscaban que las empresas se comprometieran a alinear sus estrategias y operaciones con una serie de principios universalmente aceptados[87] —derechos humanos, estándares laborales, medioambiente y anti-corrupción— las organizaciones empresariales pueden, a través de los ODS, continuar el respeto de unos mínimos estándares a la hora de organizar su actividad económica, especialmente en la era de la Inteligencia Artificial. En esta nueva era es necesario renovar los criterios

---

84   *República Democrática del Congo: La minería industrial de cobalto y cobre para baterías recargables está dando lugar a graves abusos contra los derechos humanos.* https://www.amnesty.org/es/latest/news/2023/09/drc-cobalt-and-copper-mining-for-batteries-leading-to-human-rights-abuses/

85   *How Is Your Phone Powered? Problematically.* https://www.nytimes.com/2023/01/23/books/review/cobalt-red-siddharth-kara.html

86   *Objetivo 17: Revitalizar la Alianza Mundial para el Desarrollo Sostenible.* https://www.un.org/sustainabledevelopment/es/globalpartnerships/

87   *Los límites de la sostenibilidad.* Véase págs. 163–165. https://www.eunsa.es/libro/los-limites-de-la-sostenibilidad_111187/

mínimos, ya establecidos en el Pacto Mundial de 1999 y materializados en toda una serie de instrumentos y herramientas de estandarización y recomendación. Es necesario recordar el conjunto de recomendaciones formuladas por los Gobiernos a las empresas multinacionales, es decir, las directrices de la OCDE para empresas multinacionales,[88] y lograr que las empresas perseveren en el esfuerzo por promover la educación de los consumidores para mejorar la capacidad de comprender el impacto medioambiental de los dispositivos electrónicos en esta nueva era digital, apoyando el consumo sostenible.

La ética empresarial en la era de la Inteligencia Artificial

La práctica empresarial siempre ha tenido que cambiar a medida que se desarrollaban los intereses y preocupaciones sociales. La gran expansión en tamaño y alcance de las empresas desde principios del siglo XX ha dado lugar a una preocupación más amplia por su comportamiento ético. La globalización será el detonante de esta preocupación que impacta en diversos ámbitos y sectores. Los Objetivos de Desarrollo Sostenible son una manifestación más de todo este proceso histórico. ¿Es posible conectar todo este proceso más atrás en el tiempo? Hagámoslo.

El pensamiento moral de Kant permite introducir las ideas de deber y honestidad a las acciones comerciales, como muestra su *Fundamentación de la metafísica de las costumbres* de 1785. Hoy no puede comprenderse la ética empresarial sin la deontología kantiana. Si bien Aristóteles había definido el «bien» recurriendo al «florecimiento humano» mediante la práctica sistemática de las virtudes, el consiguiente desarrollo moral y la búsqueda de la excelencia, Kant se centraba predominantemente en el deber, entendido como el cumplimiento del imperativo categórico. En 1789, Jeremy Bentham propuso un marco alternativo al de Kant, basado en la noción de «cálculo de la felicidad». Bentham afirmaba que la principal medida de lo que es bueno es lo que

---

88   *Líneas directrices de la OCDE para empresas multinacionales sobre conducta empre-sarial responsable* https://www.oecd.org/finance/lineas-directrices-de-la-ocde-para-empre-sas-multinacionales-sobre-conducta-empresarial-responsable-7abea681-es.htm

produce más felicidad. Desarrollado más tarde por John Stuart Mill, el enfoque de Bentham sobre el placer hacía hincapié en la utilidad de una acción, es decir, sus resultados. Frente a cualquier consideración egoísta, para el utilitarismo una acción es correcta si, y solo si, en la situación dada no habría ninguna alternativa a ella que hubiera dado lugar a una mayor suma total de bienestar en el mundo. En esta línea, en el siglo XIX Henry Sidgwick defenderá que debemos tratar a los demás con el mismo nivel de importancia que nos damos a nosotros mismos. Esto implica una consideración igualitaria de los intereses y el bienestar de todas las personas, sin dar preferencia a nuestros propios intereses sobre los de los demás. Estas ideas nos recuerdan que hoy la nueva era de la Inteligencia Artificial puede suponer nuevas formas de violencia, explotación laboral, trabajo infantil y guerra por recursos naturales que son la infraestructura de una nueva Revolución industrial. La ética de la Inteligencia Artificial debe centrarse, no solo en su uso, sino en sus condiciones materiales de posibilidad.

Mientras Marx y otros pensadores promovían una revolución violenta, se desarrollaron formas distintas de socialismo —como el socialismo del Robert Owen, inspirado en la ética de Jeremy Bentham—, y el apogeo del movimiento social cristiano. La corriente social-liberal se embarcó en reformas para reducir las desigualdades y las injusticias sociales del capitalismo: educación pública, bienestar para los más desfavorecidos gracias al pago de impuestos y leyes que regulaban las condiciones de empleo, legalizando los sindicatos. En este contexto histórico-político surgirá en Estados Unidos una reflexión sobre la ética empresarial, cuya contribución más famosa fue el texto del economista keynesiano Howard R. Bowen *Social Responsibilities of the Businessman* (1953). Bowen fundará la concepción y el estudio académico de la responsabilidad social de las empresas. Si bien la responsabilidad social de las empresas al estilo estadounidense se distingue de la europea por representar una actividad voluntaria no impuesta por la legislación, en ambos lados del Atlántico se alcanzará el consenso que afirma que las empresas tienen obligaciones más amplias que la mera provisión de beneficios a sus propietarios y accionistas. Ya en los años 80, el libro de Edward Freeman (1984) *Strategic Management*, desarrolló el enfoque de los «grupos de interés». Con la adopción del término «*stakeholder*» parecía haber surgido una nueva forma de pensar sobre la gobernanza y la estrategia empresarial que era conciliable con las tradiciones anteriores de justicia social[89].

Con estos supuestos se fueron desarrollando herramientas de lucha contra la corrupción y el fraude, circunstancias que distorsionan el funcionamiento del mercado y los derechos del accionariado y la ciudadanía. El nuevo gobierno corporativo buscará mecanismos de autorregulación empresarial, respondiendo a la necesidad de control de las sociedades, pues en determinados momentos se mostró que una absoluta desregulación producía abusos. Y es precisamente en esta nueva era cuando es necesario el abastecimiento responsable de minerales, garantizar que se respeten y promuevan los derechos de las personas vulnerables al trabajo forzoso y satisfacer las expectativas de diligencia debida en las cadenas de suministro internacionales, y en particular de los dispositivos electrónicos y baterías para la transición energética.

La amenaza del populismo político en el siglo XXI

A finales de siglo XX surgirán nuevas herramientas mencionadas al comienzo del texto. El Pacto Mundial de las Naciones Unidas, iniciativa voluntaria en la que las empresas se comprometen a alinear sus estrategias y operaciones con diez principios universalmente aceptados en cuatro grandes áreas: derechos humanos, estándares laborales, medioambiente y anti-corrupción, los índices de sostenibilidad empresarial, índices usados para identificar y seguir el desempeño sostenible de las compañías[90], diversas normas y estándares —como la norma AA1000 o la norma ISO26000—, o las mencionadas directrices de la OCDE para empresas multinacionales. Paralelamente, la Comisión Brundtland articularía un modelo de crecimiento económico distinto que busca garantizar un desarrollo económico, social y ambientalmente sostenible. Nuevas cumbres

---

89   *RSC: 70 años de historia para llegar a los consejos de administración* https://ethic. es/2020/07/rsc-70-anos-de-historia

90   *Revisión crítica de la dimensión Gobierno Corporativo en los cuestionarios de los Índices de Sostenibilidad.* http://dx.doi.org/10.26441/RC17.2–2018–A1

multilaterales marcarían el camino para llegar a la Agenda 2030: la Cumbre de la Tierra de 1992, celebrada en Río —que generó dos instrumentos jurídicamente vinculantes, la Convención Marco de las Naciones Unidas sobre el Cambio Climático y el Convenio para la Diversidad Biológica—, la Cumbre de la Tierra de Johannesburgo de 2002, la Cumbre Río+20 (2012), y finalmente la Agenda 2030 para el Desarrollo Sostenible adoptada por la ONU en 2015.

La progresiva aparición de toda esta serie de cumbres, acuerdos e instrumentos multilaterales ha permitido el lanzamiento, primero de los Objetivos del Milenio, en el año 2000 y, posteriormente, de los Objetivos de Desarrollo Sostenible, con un enfoque holístico, interconectado o sistémico: sus respectivos objetivos se relacionan e impactan mutuamente, positiva o negativamente[91]. Dentro de ellos, el cambio climático aparece como un eje vertebrador por sus consecuencias sistémicas. Pero debemos reconocer que la transición energética y el objetivo Net Zero[92] debe realizarse de una forma responsable, tanto en materia medioambiental —por el impacto del extractivismo minero— como en la dimensión laboral —implementando estándares y regulaciones que no sean solo declaraciones de buenas intenciones.

Esta exposición ha recogido toda una serie de ideas filosóficas, políticas, económicas y empresariales, junto con multitud de cumbres, tratados, normas y herramientas de aplicación que han buscado que se respeten universalmente los derechos humanos, el Estado de Derecho, la justicia, la igualdad y la no discriminación, el florecimiento humano y la prosperidad compartida. Por tanto, es importante comprender que la Agenda 2030 se construye sobre un complejo —y extenso en el tiempo— entramado institucional, que busca mantener a la humanidad dentro de unos límites seguros que garanticen su bienestar —y entendiendo que los seres humanos se encuentran insertos en la trama de relaciones

---

91   *Responsible consumption and production in the anthropocene: animal ethics and the sustainable development goals* https://dx.doi.org/10.1344/rbd2023.57.38250

92   El «cero neto» significa recortar las emisiones de gases de efecto invernadero hasta dejarlas lo más cerca posible a las emisiones nulas, con algunas emisiones residuales que sean reabsorbidas en la atmósfera, por el océano y los bosques, por ejemplo. https://www.un.org/es/climatechange/net−zero−coalition

de la vida[93]. Intentar derribar esta arquitectura supone descartar el esfuerzo de miles de mujeres y hombres que han tratado de construir una comunidad internacional multilateral, especialmente cuando se reconoce que los impactos ambientales pueden transformar el mundo tal y como lo conocemos[94]. Por todo ello, el populismo político amenaza nuestro futuro porque nos hace perder el tiempo en un enemigo artificial o chivo expiatorio, obviando los objetivos consensuados de la Agenda 2030 e impidiéndonos profundizar en sus metas. Es necesario reconocer los problemas e impactos de una nueva era, abandonar las soflamas populistas que forman parte de otro siglo y buscar soluciones éticas y responsables ante la llegada de los impactos ambientales, sociales y laborales de la cuarta Revolución industrial[95].

---

93   *Properties and relations: a post-anthropocentric reading.* https://doi.org/10.1590/2965–1557.036.e202430277

94   Un estudio reciente ha detectado el debilitamiento de la Corriente del Golfo en las últimas cuatro décadas. Esta poderosa corriente marina, que transporta aguas cálidas desde el Golfo de México hasta el Atlántico Norte, tiene un impacto crucial en el clima de Europa y Norteamérica. Su debilitamiento podría traducirse en inviernos más fríos y secos en el norte y oeste de Europa, mientras que el sureste de Norteamérica experimentaría veranos más calurosos y secos. Además, se podría acelerar el aumento del nivel del mar en las costas este de ambos continentes. Este debilitamiento también podría aumentar la frecuencia e intensidad de olas de frío en Europa, tormentas tropicales en el Atlántico Norte y sequías en el sureste de Estados Unidos. Los ecosistemas marinos también se verían afectados, con cambios en la distribución de las especies y pérdida de biodiversidad. https://www.science.org/doi/10.1126/sciadv.adk1189

95   *¿Cuarta Revolución industrial? El reto de la digitalización y sus consecuencias ambientales y antropológicas.* https://doi.org/10.36852/2695-4427_2021_04.01

EDUCAR EN INTELIGENCIA ARTIFICIAL

ANNA BAJO SANJUÁN

Jefa global de Impacto Social de Santander Universidades,
Banco Santander

Cómo utilizar el potencial de la IA de manera ética y responsable

El sistema educativo al completo se encuentra atento a los cambios a introducir para adaptarse al impacto de la Inteligencia Artificial (IA) sobre la investigación, la docencia y la propia gestión institucional. Se reclama una participación activa de los reguladores para poner límite a los peligros que la IA puede presentar –en caso de mal uso y abuso– sobre las personas, especialmente sobre los más vulnerables. Entre ellos destacan los menores, pero nadie queda exento de sufrir las consecuencias negativas que pueden derivarse en determinadas circunstancias. El Consenso de Pekín, que la UNESCO promulgó en 2019, señala las pautas que deben seguirse para preparar a quienes formulan las políticas educativas en materia de IA, si bien todavía no contamos con un análisis de cómo se han implantado estas recomendaciones.

Por otro lado, las instituciones educativas conocen bien las resistencias culturales a los cambios. El miedo a lo incierto, al error, puede resultar paralizante, o al menos ralentizar la aceleración de la innovación tecnológica y también docente. Ante la Inteligencia Artificial, no merece la pena centrar el debate sobre si las máquinas aniquilarán la función docente –algo que se antoja improbable–, sino de qué manera la van a transformar. El modo de dar clase ha de ser completamente repensado, y con él el rol que los educadores tienen para guiar en el buen uso de una tecnología que, inevitablemente, está ya presente en todos los ámbitos de la sociedad. Concienciar y acompañar al personal docente e investigador (PDI) en esta transición digital, así como al de administración y servicios (PAS), es condición indispensable para el éxito de la IA en el sistema educativo.

El Gobierno de España aprobó en mayo pasado en Consejo de Ministros destinar algo más de 1.300 millones a los costes de esta preparación docente, provenientes de los fondos europeos de recuperación, transformación y resiliencia. Pero canalizar esta importante inversión y materializarla en resultados requiere no solo recursos, sino también tiempo. Un tiempo que puede verse innecesariamente alargado si no se trabaja colaborativamente, con voluntad constructiva y la participación coordinada de todas las partes implicadas.

A pesar de las estas dificultades, los beneficios pueden resultar muy superiores para optimizar la investigación y hacer más eficiente la gestión académica. Algunos pueden albergar mayores dudas sobre las ventajas que la IA puede tener en la práctica docente, donde la vertiginosa velocidad de cambio resulta inasumible para los rígidos sistemas educativos. Una muestra: según el Global Education Monitoring 2023, la tecnología evoluciona a un ritmo mayor del que es posible evaluar, donde los productos de tecnología educativa cambian, de media, cada 36 meses.

Sin embargo, que la balanza de pros y contras de la IA se decline del lado positivo va más allá de formar en su conocimiento técnico, sin lugar a dudas, necesario. Supone, sobre todo, educar en cómo utilizar todo su potencial de manera ética y responsable. Este compromiso por el uso –y no el abuso– debe trasladarse a toda la cadena de la IA: desde el programador, quien debe asegurarse de minimizar los sesgos que puede llegar a perpetuar –e incluso ampliar– la propia tecnología, a las empresas que lo impulsan y aplican, donde es preciso establecer límites normativos y morales que no violen los derechos humanos en aras del beneficio económico.

Tampoco debemos obviar la responsabilidad individual en el uso que hacemos de la Inteligencia Artificial. Esa responsabilidad comienza en esforzarse por aprender a manejar esta tecnología. La tentación de sucumbir a la comodidad que representa la IA en nuestras vidas a cambio de datos puede ser legítima, pero debe hacerse con conocimiento de causa –aflorando o, mejor, evitando, cualquier patrón oscuro y malinten-cionado– y protegiendo a los más vulnerables.

Solo si reguladores, legisladores, instituciones académicas, educado-res, estudiantes, profesionales y ciudadanos ponemos en el centro a la persona y nos formamos y educamos en su uso responsable, la Inteli-gencia Artificial podrá ser vivida en todo su esplendor.

INTELIGENCIA ARTIFICIAL: DUDAS Y CERTEZAS

ALMUDENA DÍEZ

Directora de Publicaciones de Diario Responsable

La Inteligencia Artificial (IA) ha dejado de ser algo imaginado; se está introduciendo en la cotidianidad. Es probable que no seamos del todo conscientes, pero mucho de lo que hacemos con nuestros *smartphones, tablets,* PC o el doméstico receptor de televisión usa herramientas que, genéricamente, tomadas en su conjunto, tienden a producirnos dosis intermitentes de inquietud. Menos aún somos capaces de pergeñar su alcance y, concretado en lo propio, en qué grado nos va a condicionar. A ello toca añadir las consideraciones éticas, morales o relacionadas con nuestros derechos privativos, en tanto que seres humanos miembros de un cuerpo social. Lo cierto, como preámbulo, es que, puestos a debatir, son más las dudas que las certezas que suelen derivar.

Es hasta cierto punto entendible que los más veteranos se aproximen al fenómeno con relativa condescendencia: a fin de cuentas existe la tentación de trazar paralelismo con otra innovación disruptiva -en puridad no hay tantas-, que en su momento trastocó las dinámicas de la sociedad; quizás la más equiparable sea la invención de la electricidad. Claro que no es menor la propensión a exagerar el adanismo, dándole perfiles de primera vez. En otras palabras, hay riesgo de distorsión por los extremos: sea negar validez al manejo de antecedentes o, al otro lado, manejarlo en términos de *dejá vu.*

Dejando para mejor ocasión y mayor cualificación las elucubraciones sobre el alcance, no es exagerado sino procedente atender a las implicaciones éticas, morales y sociológicas de la, por otra parte imparable, popularización de la IA. El abanico es muy amplio, pero quizás dos enfoques puedan destacarse del resto: el impacto sobre la ocupación -si se prefiere empleo-, de una parte, y el acceso a la intimidad personal, cuya preservación y gestión privativa están expresamente reconocidas en la Declaración Universal de 1948.

Es incuestionable que el avance tecnológico tiende a amenazar un número significativo de puestos de trabajo, sustituyendo a personas en determinadas tareas. Sabemos que no es nada nuevo: sustituir a personas en la realización de distintas tareas ha sido, es y será una constante histórica, sin que hasta ahora se haya saldado dramáticamente; incluso podría decirse ¡al revés! Las sucesivas fases de destrucción creativa, por recurrir a la terminología de Schumpeter, han más que compensado la ocupación perdida con creación de nueva, aunque se deba matizar que ni las habilidades requeridas han sido las mismas ni el re-equilibrio se ha mantenido -todo lo contrario- en términos sectoriales ni territoriales. Cierto que, como rezan los folletos de los fondos de inversión, rentabilidades pasadas no garantizan ganancias futuras; es decir, que haya ocurrido antes no puede ni debe ser suficiente para tranquilizar. ¿Qué cabe considerar distinto esta vez? En lo que valga, es verdad que organismos internacionales, amén de consultoras presuntamente reputadas, han cuantificado los empleos en riesgo de desaparición por la IA, hasta el 40 por 100 de los actuales ha pronosticado la Organización para el Desarrollo Económico (OCDE). De momento no pasa de ser un futurible, exagerado o no, pero suficiente para tenerlo en cuenta.

La amenaza -invasión- de lo que los europeos entendemos por privacidad no surge ahora, aunque es notorio que avanza en paralelo al desarrollo de nuevas herramientas, máxime cuando se trata de procesos replicadores de la mente humana; sin entrar en particularidades, la eventual sofisticación demandará un creciente volumen de datos personales. De ahí que las muchas veces planteada exigencia de transparentar tanto la captación como el uso se antoje cada vez más perentoria. Uso que ya no solo debería considerarse frente a terceros, sino extendido, directa o indirectamente al propio facilitador.

A nadie se le oculta que el dominio de la tecnología asociada a la IA enfrenta de un lado a Estados Unidos y China, pero no menos a estos países con la Unión Europea, en este caso en el ámbito de la regulación. Surge aquí otro dilema importante, no exento de consideraciones éticas: hacer compatibles las reglas, la normativa, con el desarrollo mismo de la tecnología, de modo que aquellas no actúen como freno de este, pero sin caer tampoco en dejar a la sociedad por completo desprotegida.

Se puede decir, atendiendo a lo último, que el dilema no es novedoso ni distinto de lo planteado en distintos momentos de la historia. Pero, tan cierto como que se puede manejar una lista de precedentes, es innegable que estamos ante algo tan insólito como distinto: tras siglos de implementar tecnología sustitutoria del esfuerzo físico humano, toca afrontar la expectativa –ya realidad– de máquinas, procesos y aplicaciones que emulan el desempeño mental de las personas. ¿Hasta qué punto? Se puede apostar.

LA REVOLUCIÓN DE LA INTELIGENCIA ARTIFICIAL EN LA EDUCACIÓN Y EL ENTRETENIMIENTO

JOSE ANTONIO VEGA VIDAL

Profesor de Economía, Universidad Pontificia Comillas

En la era digital, la Inteligencia Artificial (IA) ha transformado en pocos meses múltiples aspectos de la vida cotidiana, desde la educación hasta el entretenimiento. El abordarlo desde una perspectiva académica se benefició de un taller práctico donde se pudo contar con empresarios e inversores que nos ayudaron a comprender mejor no solo el alcance sino también el impacto de esta transformación[96]. Y este debate no deja de ser apasionante, pues la IA está revolucionando nuestro perímetro de actuación y es importante ir tratando tanto las oportunidades como los desafíos éticos que conllevan su implantación y generalización.

Un primer bloque temático ha tener en cuenta es el impacto de la IA en la educación. Se está observando una transformación no exenta de dar respuesta a nuevos retos. De esta forma toma primer plano el cómo las plataformas de aprendizaje basadas en IA pueden personalizar la experiencia educativa y como por ejemplo al ver un vídeo, los estudiantes pueden realizar actividades interactivas diseñadas para ser atractivas y relevantes. En lugar de preguntas tediosas se les presenta la oportunidad de reflexionar sobre valores y tomar decisiones, lo cual fomenta una mayor participación y profundización en el aprendizaje.

Pero esto lleva inmediatamente aparejada una cuestión sobre la confianza en la plataforma. ¿Estamos dispuestos a ceder la formación de futuras generaciones a una máquina? La existencia de esta confianza

---

96   Esta sesión contó con la participación de Julio Covacho, co-founder & CFO en Quantic Brains, Javier Andrés Marin, co-founder de Lumir y Luzia, Nicolás Pardina Fundador & CEO de Growth Road y Jaime Senante, director comercial de Oryon Universal.

es crucial porque permite a los educadores obtener una visión más clara de las aspiraciones y necesidades de los estudiantes. Y aquí surge un aspecto más interno de la propia relación con el estudio, y es que en ocasiones los estudiantes se sienten más cómodos compartiendo sus verdaderas opiniones y aspiraciones en un entorno digital seguro. Claro, los estudiantes quieren confiar en la plataforma y los educadores quieren garantizar que se desarrolla un contenido formativo científicamente válido. En este sentido tanto el desarrollo de capacidades de Luzia (www.luzia.com) como los servicios de Growth Road (www.growthroad.com) en materia de orientación educativa requieren de un fuerte componente técnico para crear un espacio seguro de interacción entre humano y máquina. La interacción entre estos dos sujetos lleva entonces a plantear una de las cuestiones angulares: cuáles son los desafíos éticos en la educación, es decir, cómo garantizar que las respuestas de los estudiantes a las preguntas generadas por la IA serán auténticas y no manipuladas por la propia tecnología. Aquí es donde el componente humano es clave a fin de «entrenar» al modelo evaluando las predicciones del algoritmo que subyace a la solución y valida su exactitud. Esta supervisión humana es esencial para asegurar que las decisiones tomadas por la IA sean fiables y éticamente responsables.

La transformación no solo está viviéndose en la parte más formativa. También la creación de contenido se está viendo transformada. Así por ejemplo, Quabtic Brains (www.quanticbrains.com) está utilizando la IA para generar textos, voces clonadas y animaciones 3D. La IA permite enseñar a los modelos 3D a caminar de manera natural mediante aprendizaje por imitación y refuerzo, lo cual es mucho más eficiente y económico que construir robots físicos revolucionando con ello la producción de contenido, haciendo que sea más rápido y accesible para las empresas de animación y productoras cinematográficas. La IA no solo aumenta la eficiencia en la creación de contenido, sino que también mantiene el control creativo en manos de los creadores. Esto es crucial para asegurar que el contenido final sea de alta calidad y cumpla con las expectativas artísticas. Así, los creadores pueden editar y ajustar cada aspecto del contenido generado por la IA, desde la animación hasta la música, lo que les permite mantener un alto grado de control sobre el producto final. Pero como es fácil de suponer, esto no está exento de importantes desafíos éticos. Así, la gestión de la propiedad intelectual y el potencial de la tecnología para crear contenido hiperrealista que podría ser usado de manera indebida son elementos muy importantes a tener en cuenta. Por ejemplo, la capacidad de la IA para generar contenido que puede influir en la opinión pública plantea serias preocupaciones acerca de la manipulación y la desinformación. Por ello es vital establecer límites éticos y legales claros para el uso de esta tecnología.

La importancia de la ética en la IA viene a articularse a través de tres ejes: la perspectiva empresarial y ética; la regulación y trazabilidad de la actividad y finalmente la formación y conciencia éticas. Desde una perspectiva empresarial, los inversores también enfrentan dilemas éticos al decidir en qué proyectos de IA invertir. Se torna esencial el que las *startups* que incorporen soluciones de IA tengan propósitos claros y éticos tras de su desarrollo, y para ello los inversores deben asegurarse de que estas empresas cumplan con regulaciones y normativas éticas, incluso si estas aún no están completamente definidas. Bajo esa perspectiva cobran importancia regulación y trazabilidad. La trazabilidad de las decisiones tomadas por la IA es crucial y esto significa que debe ser posible entender y seguir cómo y por qué una IA ha tomado una determinada decisión. La regulación, en esta misma línea, viene a garantizar que las aplicaciones de IA sean seguras y respeten los derechos de los usuarios. Por este motivo resulta importante que la regulación sea proactiva para evitar los riesgos asociados con una IA descontrolada sin que eso suponga una limitación a su desarrollo.

Y quedaba una cuestión final, relativa a formación y conciencia ética. La formación ética no solo resulta necesaria para los desarrolladores de IA, sino también para los usuarios. Es fundamental que las personas entiendan cómo funcionan las IA y las implicaciones de su uso, cobrando importancia el desarrollo de *soft skills* y pensamiento crítico para que las futuras generaciones puedan tomar decisiones informadas sobre el uso de la IA.

Ante este panorama se presenta un momento de reflexión sobre los desafío y oportunidades a los que nos enfrentamos. La IA sigue evolucionando rápidamente, y con ella, las oportunidades y desafíos. Las empresas deben ser ágiles y adaptarse a los cambios regulatorios y tecnológicos. La incorporación de IA en la educación y el entretenimiento no solo transforma estos campos, sino que también plantea preguntas fundamentales sobre el futuro de la interacción humana y tecnológica. Y si pensamos en términos de responsabilidad, esta debe ser compartida. Asegurar un uso ético de la IA recae tanto en las empresas que desarrollan la tecnología como en los usuarios que la emplean. Es momento de hacer un llamamiento a la acción para que todos los actores involucrados colaboren en la creación de un marco ético robusto que guíe el desarrollo y la implantación de la IA bajo unos parámetros éticos y de respeto.

En definitiva, la Inteligencia Artificial está cambiando rápidamente el paisaje de la educación y el entretenimiento. Las plataformas de aprendizaje basadas en IA están proporcionando experiencias educativas personalizadas y fomentando la participación de los estudiantes en el ámbito educativo y en del entretenimiento, la IA está haciendo que la creación de contenido sea más eficiente y accesible, manteniendo el control creativo en manos de los creadores. Sin embargo, estos avances también traen consigo importantes desafíos éticos, y por ello es crucial establecer regulaciones claras y garantizar la trazabilidad de las decisiones tomadas por la IA, siendo vital que tanto los desarrolladores como los usuarios de la IA estén bien informados y formados en ética y pensamiento crítico. A medida que la IA continúe evolucionando, deberemos asegurarnos de que su desarrollo se realice de manera ética y responsable. Solo así podremos aprovechar al máximo las oportunidades que ofrece esta tecnología, mientras minimizamos los riesgos asociados con su uso. La colaboración y la responsabilidad compartida serán esenciales para navegar en este nuevo mundo impulsado por la inteligencia artificial.

CONCLUSIONES

DR. JUAN BENAVIDES DELGADO

Catedrático emérito de Comunicación de la Universidad
Complutense de Madrid

Está todo por hacer

El presente documento de conclusiones es tan solo un esquema. Unas breves palabras que quieren resumir planteamientos, algunos contenidos, pero sobre todo preguntas. Después de meses de lecturas, reflexiones y encuentros entre especialistas, empresarios, investigadores de diversas especialidades... y, especialmente, después de meses de interrogantes sobre la IA, solo nos cabe comentar y añadir algunas pocas conclusiones, que considero nos permitirán comprender con ciertos criterios objetivos en qué consiste la percepción y preocupación real sobre la IA en la sociedad de este momento.

Este documento manifiesta un añadido a los principales problemas sobre los contenidos –ya indicados en la introducción y a lo largo del libro–, donde los investigadores, empresarios, alumnos, profesores, conferenciantes, ciudadanos, etc. expresan el modo y forma de percibir lo que significa y puede ofrecer la IA. Por todo ello no es propiamente dicho un documento de conclusiones, sino unas breves páginas donde se formulan percepciones y preocupaciones reales de muy diferentes personas y que entiendo deben ser atendidas. Con ello estaremos haciendo el papel que persigue este libro a la hora de hablar de la IA: las ventajas y avances de la IA, pero también las profundas inquietudes e incertidumbres sobre los problemas reales que está produciendo la IA en la vida diaria de las personas.

En efecto, la IA es un fenómeno que está muy por encima de la ideología; supone un avance tecnológico que produce una profunda transformación social, afectando a todas las personas, valores, ideas y modos de comprender la vida y la convivencia. La IA es algo mucho más importante que una cuestión de tecnología; la IA afecta a transformaciones culturales, y por eso lo difícil de los problemas que plantea es precisar la naturaleza de los mismos y dar con las definiciones y preguntas más oportunas, poner en relación cuestiones, contenidos… y establecer los efectos y consecuencias más relevantes, divididos los presentes contenidos en tres fundamentales apartados: la IA entendida como tecnología, como doctrina, y como un producto que genera nuevas formas de comprender el conocimiento y las prácticas sociales.

I. Tecnología

Nadie duda que la IA es una realidad objetiva, un producto expreso de la ciencia con resultados y experiencias empíricamente contrastables. Esa objetividad se expresa en las diferentes aplicaciones que se van creando y aplicando en la vida diaria de las personas, además de nuevos modelos de negocio y prácticas corporativas que ya se han desarrollado a muy diversos niveles: desde los propiamente informativos con las aplicaciones que utilizan las personas y el conjunto de la sociedad, hasta cuestiones que participan más de la política y la geo-estrategia.

En efecto, ya son diferentes las compañías –aunque fundamentalmente concentradas en USA y China– cuya finalidad se centra en la esfera de los negocios y la creación de productos y servicios de la IA. Por otro lado casi nadie duda ya del papel que la IA tiene adquirido en el ámbito de la construcción y difusión de las noticias, así como su enorme capacidad de clasificación y determinación de los significados y contenidos sobre los que trabaja, la información, publicidad, el entretenimiento y especialmente en la esfera de la salud y la práctica médica. Normalmente este papel viene demostrado y legitimado por la eficiencia, utilidad e inmediatez en la accesibilidad y clasificación de la información, contenidos, etc.

A mayor abundamiento, estos aspectos, ya bien probados, determinan la indudable rentabilidad económica en el uso de determinadas aplicaciones, su desarrollo y alineamiento en muy diferentes aspectos de la vida de la empresa, así como en los campos de actuación de los ciudadanos en su vida cotidiana. Sin duda, como acabo de afirmar, todo este conjunto de propiedades están ya objetivamente probadas en su uso y transformación de la vida pública y personal de las personas.

La IA lleva ya bastante tiempo de desarrollo. En los debates ya se han comentado las transformaciones producidas en Internet en el conjunto de la vida social desde hace más de veinte años. Su capacidad transformadora y su velocidad se multiplican; unos cambios que no siempre se experimentan de forma positiva. Los ciudadanos y la propia vida pública se han visto directamente afectados. Estos efectos no son de ahora mismo, sino que algunos ya se observan, como unas primeras consecuencias, desde hace años. Brevemente comento las principales «quejas» planteadas por muchos de los que han escrito este libro; esta objetividad no está exenta de al menos tres cuestiones importantes que cito con las propias palabras de sus autores:

- La primera se refiere al hecho de que la utilización de las aplicaciones no solo produce beneficios, sino que genera hábitos no siempre deseables. El uso excesivo de los dispositivos parece convertir a los usuarios en personas menos activas y más propicias a buscar soluciones ya hechas a los problemas planteados, antes que esforzarse y utilizar su propia creatividad, cultivando con ello su inteligencia. Sin duda, estas circunstancias se agravan cuando los niños se convierten en usuarios habituales.

  El uso permanente de la IA crea hábitos en las personas relacionados con su forma de comprender los problemas y sus objetivos y forma de vivir. Estos hábitos, especialmente en las nuevas generaciones, crean adicciones no siempre claras y deseables a la hora de comprender y aceptar el esfuerzo necesario y la capacidad creativa frente a los problemas y las dificultades de la vida diaria.

- La segunda cuestión es si cabe más general, pero no menos importante. La IA está consolidando algo que ya se inició desde Internet; me refiero a la transversalidad e interdependencia del conocimiento. Sin duda, en el campo de la investigación y la cultura se está exigiendo un nuevo orden de clasificación y modos de investigar en los diferentes campos de estudio de los saberes; la IA es interconectividad, pone todo en relación, nos presenta el conocimiento de otra manera. La IA casi puede ser una forma nueva de acceder al conocimiento; un conocimiento de naturaleza más transversal, que quizá deba ser estudiado, atendiendo a muy diferentes disciplinas y saberes. Es un trabajo que debe realizarse por grupos de trabajo y personas diferentes, que establezcan nuevas relaciones interdisciplinares. Por eso, en el fondo el problema real de la IA va más allá de formar en su conocimiento técnico. Supone sobre todo enseñar cómo utilizar su potencial de manera ética y responsable

- La tercera cuestión importante es que se ha producido una exagerada utilización política de la IA, cuestión que se observa en la utilización de las redes sociales a la hora de explicar un suceso u opinar sobre un determinado contenido. El desarrollo de las aplicaciones puede ser utilizado como herramientas adoctrinadoras del populismo político por su inmediatez, corto plazo, éxito en resultados y volatilidad en sus contenidos. Esta circunstancia ha acentuado una reducción progresiva del valor del lenguaje, tanto en la vida pública como privada. Esta pérdida de la riqueza significativa del lenguaje tiene una enorme gravedad, además de algunas consecuencias que ya se han observado: un aumento del hacer y la ideología del populismo político, con los consiguientes procesos de deslegitimación de las instituciones públicas y una pérdida de autoridad moral de los gestores y responsables públicos. Nunca debemos olvidar que sin hombres y mujeres no hay instituciones. Todo esto en nuestra sociedad, porque por otro lado la IA tampoco se ocupa de las personas individuales, y menos todavía de las personas del Tercer Mundo que no deciden nada a este respecto

Sin embargo, la IA sigue prácticamente sin regulación o con normas parciales, muchas veces ajenas a los problemas que ya se plantean en la vida pública y privada de las personas y en el propio desarrollo de la formación y educación de las nuevas generaciones. Por ello, el ciudadano en general y algunos colectivos concretos en particular experimentan situaciones injustas y desiguales, desconociendo qué hacer e incluso sin una capacidad de juicio objetivo sobre los problemas. Esta situación produce dudas y temores y profundas incertidumbres. La IA produce efectos indudables, algunos desconocidos hasta el momento, otros de miedo, inseguridad e incertidumbre que deberían definirse y estudiarse. Ahí queda de manifiesto un grave e importante problema, porque la IA puede impactar el empleo, las relaciones interpersonales, la privacidad y la autonomía individual.

Después de muchos años no existe una regulación completa y adecuada de la IA y tampoco unas directrices claras que deberían seguir los centros formativos y educativos al respecto. Sería muy necesaria la permanente colaboración de expertos, investigadores y profesionales de las diversas disciplinas y actividades relacionadas con la IA, en lugar de la excesiva utilización de la política a este respecto. Más regulación y más transparencia.

II. Doctrina

La realidad es que la IA no solo es una realidad objetiva, sino una realidad objetivada a través de toda una lógica y una doctrina. Esta determinación en el uso puede inhabilitar la generalización de una práctica. Porque la IA no solo dice lo que se debe hacer sino la forma de hacer bien las cosas.

La IA ha consolidado algo que ya empezaba con Internet, porque no viene sola sino que se conduce y aplica a través de la doctrina utilitarista tan propia de la tradición filosófica anglosajona. El individualismo se traslada al «singularismo», una nueva forma de comprender lo humano, que se puede copiar y superar. Incluso la IA está ya ofreciendo, en su vertiente más dura una forma de comprender la ciencia en su versión más empíricamente exigente. Esto supone que la IA ofrece, no solo respuestas y posibilidades con relación a contenidos y comportamientos, sino una nueva forma de comprender el sentido del trabajo y el esfuerzo personal o colectivo y el modo de comprender e investigar el conocimiento. A modo de ejemplo, ya se puede comprobar que cuando se traslada esta circunstancia al universo de la información ya ha sido directamente afectada la comprensión de lo que significa la propia «verdad», convirtiendo esta en una pluralidad de verdades, inmediata y volátil en el tiempo.

En este sentido, la doctrina de la IA se comprende mejor si se relaciona con contenidos doctrinales, que deben ser estudiados. En efecto:

- En primer lugar, una lógica matemática y una ideología utilitarista e instrumental no pueden legitimar una práctica exclusiva; porque el utilitarismo alberga toda una filosofía y una forma de comprender la moral que choca con otras muchas que defienden otros contenidos relacionados con una forma abierta y trascendente de concebir a la persona. En el fondo la IA es una forma de comprender al ser humano cercana al determinismo, frente a la libertad y la creatividad individual. Por otro lado, la IA aporta una forma de comprender la mente demasiado asociada al cerebro y al universo de la realidad empírica; una visión demasiado funcional de lo que significa el ser humano y toda la complejidad de lo que representa la dignidad de la persona humana. ¿Dónde quedan la libertad y la creatividad humana frente a un nuevo determinismo tecnológico? La IA tiene una idea del ser humano que queda excluido de la religión y la espiritualidad. ¿Dónde quedan las ideas de trascendencia, emociones, corporeidad, alma. etc. frente a una visión de la persona sustancialmente empírica y técnica? En el fondo, la IA en su extremo está reduciendo el conocimiento y la propia forma de comprender la ciencia, lo cual es un problema, porque no puede reducirse a la normalización de una nueva lógica exclusiva para comprender el conocimiento y la persona humana.

- En segundo lugar, un exacerbado utilitarismo puede olvidarse de racionalizar la vida. La IA solo puede sernos muy útil si la sabemos humanizar. El problema es cómo hacerlo. La verdad del hombre es algo mucho más complejo e incluso ajeno a las propias ofertas de la tecnología. La investigación de la IA no debe sujetarse a una forma exclusiva de metodología propia de las ciencias de la naturaleza o las exigencias matemáticas. Por eso es necesario humanizar la IA. Ahora bien, ¿cómo humanizar la vida diaria de la persona en los contextos digitales y el propio utilitarismo? En este sentido, un peligro evidente de la IA, especialmente de la llamada generativa, se expresa en su capacidad de «fabricar» cosas que, pareciendo ciertas, nunca se han dicho ni se han hecho, o simplemente no son ciertas.

La dignidad de la persona humana exige humanizar y superar la búsqueda de lo útil en favor del bien y la verdad. Ello permitiría profundizar en la mejor educación de las personas, especialmente de los niños, y dirigirla a una mejor comprensión del sentido de la vida y su directa relación con la responsabilidad moral que se deriva de todo.

III. Investigación y conocimiento

Todo este conjunto de cuestiones derivan de una capacidad que no parece tener la IA: la capacidad de preguntar, algo que no está al alcance del propio mecanismo generativo de la IA. Cuestionamientos que nos conducen a la urgente necesidad de formular unos postulados que ayuden a fundamentar mejor lo que aporta todo este conjunto, de técnicas y acciones derivadas de la IA: lo que son y significan y, también, –cuando se trata de la dignidad de las personas humanas–, habrá que acudir además a su alcance moral. Desde Kant ya se comprendieron estos temas, como la crítica del conocimiento o la facultad de conocer, pero todavía habrá que discernir la forma en que la IA configura, estructura y modifica nuestro conocimiento de la realidad y de uno mismo a la hora de vivir, una cuestión pendiente de investigación y ajena en principio a los objetivos empresariales. Sin embargo, lo primero que debemos atender en esto de la fundamentación del conocimiento es el consejo y las preguntas que se hace el propio científico cuando se plantea los problemas cercanos a la IA, y en concreto a la mente humana: ¿cuál es el campo de acción de la ciencia? ¿Son solamente los atributos «materiales» de nuestro universo los que son abordables con sus métodos, mientras que nuestra existencia «mental» debe quedar para siempre fuera de su alcance? ¿O podríamos llegar algún día a una comprensión científica adecuada del oscuro misterio de la mente? ¿Es el fenómeno de la consciencia humana algo que está más allá del dominio de la investigación científica, o podrá la potencia del método científico resolver algún día el problema de la propia existencia de nuestro yo consciente? La verdad es que una visión científica del mundo que no trate de entender en profundidad el problema de la mente consciente no puede tener pretensiones serias de compleción.

Me comentaba un buen amigo mío filósofo que en su empresa sus compañeros vivían tan centrados en sus móviles, ordenadores y aplicaciones que habían construido una especie de dos mundos separados: el referente a su trabajo y el de cada uno de ellos. El primero era lógico y estaba en relación con la propia actividad laboral, pero el segundo se había convertido en un escenario herméticamente cerrado al exterior, donde cabían muy pocas personas y donde su «singularidad» era la única protagonista. En este sentido, las personas habían reducido su vida diaria a cuatro criterios de comportamiento institucionalizado y el resto de su existencia quedaba encerrada sin poder salir hacia fuera en ese «egoísmo singularizado». Lo grave de aquella situación es que hacía desaparecer toda responsabilidad moral de su actividad que pudiera trascender hacia otras muchas personas en el tiempo. Para este amigo, la IA tenía una especial responsabilidad que habría que investigar con cuidado. La realidad del problema es que la IA no es un ente independiente y ajeno a lo que significa la vida humana y la sociedad, aunque, como disciplina y en su utilización, así lo parece (incluso con su «singularismo» extremo parece ser capaz de copiar y llegar a superar a lo que significa el ser humano).

Por eso resulta muy importante no olvidar la aplicación de una reflexión crítica y filosófica constante sobre la IA, pero, comentado el ejemplo, la realidad es que resulta muy complicado:

- En primer lugar, la IA ha venido en unas circunstancias donde la sociedad no pasa por sus mejores momentos, y lo ha hecho imponiendo técnicas y soluciones a problemas, pero no consecuencias. Muchos colaboradores se han preguntado a este respecto: ¿qué cabe esperar de la IA en una cultura globalizada y enfrentada entre un proceso permanente de pérdida de valores y un populismo político cultural adoctrinador que utiliza con pragmatismo los agujeros de las propias instituciones? ¿Qué es y cuál es el alcance del pensamiento crítico en el contexto de una sociedad vaciada de valores y determinada por el utilitarismo y el avance tecnológico en un mundo progresivamente individualista y pragmático? Esta cuestión se ha planteado por diferentes compañeros a lo largo de estos meses. Pero me limito a su referencia y remito al lector a la enorme cantidad de magníficos trabajos publicados al respecto.

- En segundo lugar, esta cuestión se observa indirectamente reflejada en algunos debates con empresarios digitales; todos ellos afirmaban que los planteamientos de sus productos y servicios venían formulados desde estrictas exigencias éticas. Sin embargo, a la hora de cuestionar el propio concepto de ética era complicado salir de los parámetros propios de la ética utilitaria: negocio y economía. Esta realidad es del todo legítima en el contexto del libre mercado, pero, por todo lo comentado, parece que la IA debe someterse y regularse, por su propias características y naturaleza, en un conjunto de patrones de uso y funcionamiento de las aplicaciones que tenga en cuenta quién es, por ejemplo, el responsable de su uso en el corto y el largo plazo y cuáles son sus consecuencias. A mayor abundamiento, en un mundo globalizado, ¿cabe pensar la IA desde el largo plazo? ¿Tiene la IA una forma de comprender la ética o es aplicable a cualquier visión que las personas tengamos de la ética?

- Pero, en tercer lugar, la pregunta obligada que surge de modo permanente en las personas interesadas es: ¿dónde cabe introducir el estudio de la IA en el conjunto de las disciplinas universitarias o, si acaso, como una disciplina transversal? No es tanto el problema de conocer su uso, sino cuál es la estructura de contenidos y el modo de utilizar su funcionamiento. En este tema no estoy hablando únicamente de derechos, sino de obligaciones; porque las cuestiones y consecuencias morales de nuestros comportamientos no son solamente inmediatas, sino que van más allá de los círculos familiares y cercanos. La ética tiene una trascendencia que puede durar muchísimo tiempo y que normalmente olvidamos de modo irresponsable. Por eso quedan pendientes otras muchas preguntas: ¿por qué las aplicaciones y derivaciones de la IA son tan cortoplacistas en sus resultados? La realidad es que la IA no tiene un planteamiento de largo plazo más allá de un «transhumanismo» peor explicado. Y una última pregunta: ¿cómo está afectando la utilización de la IA, y esa maraña llamada por algunos «redes fecales», que distorsionan la comunicación entre las personas, la información y los medios de comunicación de masas haciendo olvidar a todos las responsabilidades reales de las personas, los responsables y referentes de la vida pública?

Ya he comentado estos problemas hace unos pocos párrafos y, en el momento presente este es otro de las cuestiones ya planteadas en nuestra vida pública. Todo ello exige para la IA una regulación adecuada y un uso ético y responsable de la Inteligencia Artificial. Pero por el momento nadie puede garantizar que la IA se utilice para el bien y no para el mal.

La IA debe pensar en el largo plazo de su aplicación, tanto en cuanto a sus consecuencias como en la responsabilidad de los propios usuarios. La IA no es solo tecnología y transhumanismo, y por ello no debe entenderse como un proceso en evolución, sino como un proceso que debe sujetarse a la reflexión crítica del propio conocimiento que produce en cada momento.

A mi modo de ver, más allá de lo que significa el avance tecnológico, parece que existen tres conceptos clave para un estudio crítico de la IA y que, al tiempo, esté en condiciones de asumir una reflexión ética adecuada: la naturaleza de la persona, el proceso de la autoconciencia y la naturaleza de la mente y su capacidad trascendente y no computable de sus acciones y posibilidades. Es el conocimiento crítico el que puede ayudar al mejor desarrollo de la IA y el único que puede conseguir redefinir el papel de la dignidad humana en el contexto de la propia tecnología. Esta es nuestra principal y justificada conclusión, que también resumo con la descripción de un hecho: respecto al estudio, investigación y reflexión sobre la IA, está prácticamente todo por hacer.

DOCUMENTOS DE CONSULTA ADICIONALES

Trabajar sobre una materia en continuo desarrollo y todavía en un estado incipiente del mismo requiere acceder a todos los puntos de información disponibles, que en muchos casos no son precisamente los académicos, sino que proceden de organizaciones públicas y privadas con interés por la materia. En ese sentido, y como ayuda a los miembros del seminario permanente a lo largo del curso, se les proporcionó una serie de documentos de diferentes instituciones con la idea facilitar la formación de criterio y conocer en mayor medida el avance en materia de Inteligencia Artificial en la actualidad.

Algunos documentos de trabajo considerados fueron[97]:

Bain, 2023, Reset and Reinvent: The Thriving Landscape of Tech Innovation[98]

Este documento de trabajo analiza la creación de valor a través de las mejoras en el ciclo de negocio tecnológico asociado a la gestión de la inversión y determina cuáles son los criterios a seguir: actuación rápida y actuación inteligente.

BCG, 2023, The CEO's Guide to the Generative AI Revolution[99]

Algo que siempre interesa a los miembros del seminario permanente es el impacto que puede tener en los órganos de dirección de las empresas aquellos aspectos analizados. Este documento pone de manifiesto el potencial de impacto de las personas o las políticas asociados a la Inteligencia Artificial y su relevancia para el máximo nivel de la organización.

---

97   No se incluyen las referencias bibliográficas ya citadas en los textos del presente libro.

98   https://www.bain.com/insights/topics/technology-report/ consultado el 27 de junio de 2024

99   https://www.bcg.com/publications/2023/ceo-guide-to-ai-revolution consultado el 27 de junio de 2024

BCG, November 2023, Accelerating Climate Action with AI[100]

Pero no solo es cuestión de tecnología; también el impacto climático es una derivada a tener en cuenta en el desarrollo de la Inteligencia Artificial. En este caso se lleva a cabo un análisis de aquellos impactos más directos en términos de acción climática, promesas y aceleración en la gestión, así como una reflexión sobre los riesgos potenciales a los que nos estaríamos enfrentando.

Deloitte AI Institute, 2003, The Generative AI Dossier[101]

Este interesante documento recoge diferentes aspectos asociados al desarrollo de la Inteligencia Artificial analizados por categorías y sectores. Se destacan impactos como la reducción de costes, eficiencia de procesos, crecimiento, mejorar del gobierno corporativo o nuevos avances en investigación. En un extenso documento se recogen gran parte de los impactos posibles siendo muy útil como guía de análisis.

FLI, 2017, Asilomar AI principles[102]

Se trata de uno de los primeros ejemplos de coordinación de principios para el desarrollo beneficioso de la Inteligencia Artificial y es una de las con recopilaciones más influyentes que han servido de inspiración para posteriores códigos.

---

100   https://www.bcg.com/publications/2023/how-ai-can-speedup-climate-action   consultado el 27 de junio de 2024
101   https://www2.deloitte.com/content/dam/Deloitte/th/Documents/deloitte-consulting/generative-AI-dossier.pdf consultado el 27 de junio de 2024
102   https://futureoflife.org/open-letter/ai-principles/ consultado el 27 de junio de 2024

Manzocco, R., 2019, Transhumanism - Engineering the Human Condition: History, Philosophy and Current Status, Springer Praxis Books[103]

Esta obra es posiblemente una de las que toda persona interesada en la Inteligencia Artificial debería leer para hacerse una composición de lugar sobre el impacto de los cambios por venir y la transformación que pueden operar en el ser humano.

McKinsey, June 2023, The Economic Potential of Generative AI[104]

Al profundizar en el análisis sobre el impacto de la Inteligencia Artificial en diferentes actores este documento de trabajo recoge casos específicos en diversos sectores (*retail*, banca o farmacéutico), trasladando los impactos que pudieran derivarse los nuevos desarrollos a la capacidad de crecimiento productividad de las empresas.

McKinsey&Company, April 2003, What is AI?[105]

Explora cómo la Inteligencia Artificial es una habilidad tecnológica para desarrollar funciones cognitivas que normalmente asociamos con la mente humana. Comprender qué es el *machine learning*, el *deep learning* o la Inteligencia Artificial generativa son solo algunos de los aspectos analizados.

---

103   https://link.springer.com/book/10.1007/978-3-030-04958-4 consultado el 27 de junio de 2024

104   https://www.mckinsey.com/capabilities/mckinsey-digital/our-insights/the-economic-potential-of-generative-ai-the-next-productivity-frontier consultado el 27 de junio de 2024

105   https://www.mckinsey.com/featured-insights/mckinsey-explainers/what-is-ai consultado el 27 de junio de 2024

Montreal Declaration for a Responsible Development of Artificial Intelligence, 2018[106]

Esta obra fija los principios que deberían orientar el desarrollo de la Inteligencia Artificial tales como el bienestar respecto de la autonomía, protección de la privacidad, solidaridad, participación democrática y equidad, inclusión, cautela, responsabilidad y desarrollo sostenible.

NIST, 2023, Artificial Intelligence Risk Management Framework[107]

Riesgos y oportunidades han sido en una parte fundamental de todos los desarrollos llevados a cabo y las entidades públicas, como en este caso el Departamento de Comercio de los Estados Unidos, no han sido ajenos a esta importancia, consolidando por ello algunas de las principales observaciones en esta obra.

OECD, Recommendation of the Council on Artificial Intelligence, OECD/LEGAL/0449[108]

No solo ha sido preocupación de las empresas o entidades consultoras el desarrollo de la Inteligencia Artificial; también desde otros organismos como la OCDE se han establecido algunas recomendaciones, que aquí son puestas de manifiesto.

QuantumBlack AI by McKinsey&Company, August 2003, The State of AI in 2023: Generative AI's Breakout Year[109]

Este documento de trabajo recoge los resultados de una encuesta realizada en empresas de diferentes sectores analizando el impacto para sus industrias y fuerzas de trabajo derivados de la IA.

---

106   https://montrealdeclaration-responsibleai.com/ consultado el 27 de junio de 2024
107   https://tsapps.nist.gov/publication/get_pdf.cfm?pub_id=936225 consultado el 27 de junio de 2024
108   https://legalinstruments.oecd.org/en/instruments/oecd-legal-0449 consultado el 27 de junio de 2024
109   https://www.mckinsey.com/capabilities/quantumblack/our-insights/the-state-of-ai-in-2023-generative-ais-breakout-year consultado el 27 de junio de 2024

World Economic Forum, November 2023, It's Time We Embrace an Agile Approach to Regulating AI[110]

La regulación ha sido otro de los principales caballos de batalla y el World Economic Forum no ha sido ajeno de ello, dejando plasmado en una serie de documentos esta fragmentación del marco regulatorio global y la necesidad de establecer reglas homogéneas que den confianza para el futuro.

Estos son algunos ejemplos de documentos de trabajo revisados por parte de los miembros del Seminario Permanente. Sin embargo hay que destacar que el conocimiento, experiencia y las capacidades de los miembros del grupo siempre son una fuente inagotable de inspiración e identificación de nuevsas líneas de trabajo. Es pertinente hacer esta breve reflexión para ofrecer otras líneas de pensamiento e investigación al lector que busque continuar su proceso de reflexión.

---

110   https://www.weforum.org/agenda/2023/11/its-time-we-embrace-an-agile-approach-to-regulating-ai/ consultado el 27 de junio de 2024

REFERENCIAS

¿Nuevo humanismo o profunda crisis?

- M. ATIENZA, 2022, Sobre la dignidad humana, Trotta, Madrid.
- J. AUSTIN, 1962, Cómo hacer cosas con palabras, Paidós, Madrid.
- J. L. CEBRIÁN, 2016 Primera página. Vida de un periodista 1944-1988, Debate.
- A. PEGO PUIGBÓ, 2022 Poética del monasterio, Encuentro Madrid.
- J. Searle, 1969, Speech Acts, Cambridge University Press.
- VVAA, 2023, Ética, Las voces de la universidad y la empresa (J. Benavides Delgado & J. Camacho Ibáñez, coords.), Kolima Books, Madrid.

Humanismo para una formación fecunda del profesional (I)

- AA. VV., Ciencia transdisciplinar en la nueva era, editor Edgar Serna M., Medellín, Instituto Antioqueño de Investigación, 2022.
- GARCÍA BARRENO, P. R., «Integración cultural: transciencia o convergencia», Real Academia de Ciencias y Real Academia Española.
- LÓPEZ QUINTÁS, A., Estética de la creatividad, Rialp, Madrid, 1998.
- MARAÑÓN, G., Vocación y ética y otros ensayos, Espasa, Madrid, 1982.
- ORTEGA Y GASSET, J., Misión de la universidad, Cátedra, Madrid, 2015.
- ORTEGA Y GASSET, J., Qué es filosofía, Espasa, Barcelona, 2012.

Humanismo para una formación fecunda del profesional (II)

- AA. VV., Ciencia transdisciplinar en la nueva era, editor Edgar Serna M., Medellín, Instituto Antioqueño de Investigación, 2022.
- GARCÍA BARRENO, P. R., «Integración cultural: transciencia o convergencia», Real Academia de Ciencias y Real Academia Española.
- LÓPEZ QUINTÁS, A., Estética de la creatividad, Rialp, Madrid, 1998.
- MARAÑÓN, G., Vocación y ética y otros ensayos, Espasa, Madrid, 1982.
- ORTEGA Y GASSET, J., Misión de la universidad, Cátedra, Madrid, 2015.
- ORTEGA Y GASSET, J., Qué es filosofía, Espasa, Barcelona, 2012.

Lo humano ahora carece de significado

- GEORGE STEINER, Nostalgia del Absoluto (2014), Ed. Siruela, Madrid.
- G. JUNG El secreto de la flor de oro, (1955), Paidos, Buenos Aires.
- JEAN-FRANÇOIS REVEL, El conocimiento inútil, (2022), Página indómita. Barcelona.
- J.M. PÉREZ TORNERO, La gran mediatización. El tsunami que expropia nuestras vidas (2020), Volumen I, UOCpress, Barcelona.
- Z. BAUMAN, Vida Líquida, (2016), Paidós, Barcelona 2016.
- H. ARENDT, Entre el pasado y el futuro, (2016), Península, Barcelona.

Humanismo orgánico en el siglo XXI (I)

- V. FRANKL, El hombre en busca de sentido 1946.
- https://sdgs.un.org/2030agenda
- https://futureoflife.org/open-letter/pause-giant-ai-experiments/

Humanismo orgánico en el siglo XXI (III)

- https://dialnet.unirioja.es/servlet/articulo?codigo=7631160
- https://eur-lex.europa.eu/resource.html?uri=cellar:22ee84bb-fa04-11e8-a96d-01aa75ed71a1.0022.02/DOC_2&format=PDF
- https://diarioresponsable.com/opinion/36278-humanismo-organico-en-el-siglo-xxi-iv

Apuntes sobre la familia empresaria y la empresa familiar

- BARNEY, J. (1991). Firm Resources and Sustained Competitive Advantage. Journal of Management JofM, Columbus University.17(1), 99–120.
- ASTRACHAN, J. H., KLEIN, S. B., & SMYRNIOS, K. X. (2002). The F-PEC scale of family influence: Construction, validation, and further implication for theory. Entrepreneurship Theory and Practice, 26(5), 63–82.
- ARONOFF, C. E., & WARD, J. L. (1995). Family business governance: Maximizing family and business potential. Family Business Review, 8(3), 205–222.
- CHIRICO, F. (2008). Knowledge accumulation in family firms: Evidence from four case studies. International Small Business Journal, 26(4), 433–462.
- CHRISMAN, J. J., CHUA, J. H., & LITZ, R. A. (2003). A unified systems perspective of family firm performance. Journal of Business Venturing, 18(4), 451–465.
- GÓMEZ-MEJÍA, L. R., HAYNES, K. T., NÚÑEZ-NICKEL, M., JACOBSON, K. J. L., & MOYANO-FUENTES, J. (2007). Socioemotional Wealth and Business Risks in Family-controlled Firms: Evidence from Spanish Olive Oil Mills. Administrative Science Quarterly, 52(1), 106–137.
- HANDLER, W. C. (1994). Succession in family business: A review of the research. Family Business Review, 7(2), 133-157.
- LANSBERG, I. (1988). The succession conspiracy. Family Business Review, 1(2), 119–143.
- LE BRETON-MILLER, I., MILLER, D., & STEIER, L. P. (2004). Toward an integrative model of effective FOB succession. Entrepreneurship Theory and Practice, 28(4), 305–328
- TAGIURI, R., & DAVIS, J. (1996). Bivalent attributes of the family firm. Family Business Review, 9(2), 199-208.

Los valores de la familia empresaria en el marco de los stakeholders

- AGOSÍN, M.R., PASTEN, E., Corporate Governance in Chile, Documentos de Trabajo (Banco Central de Chile), ISSN-e 0717-4411, Nº. 209, 2003, pág. 5.
- CASTRO RUIZ, S., Estructura de capital y gobierno corporativo en empresas de América Latina. Casos de Brasil, Chile y México, Tesis doctoral dirigida por José López Gracia (dir. tes.), María Reyes Mestre Barbera (codir. tes.). Universitat de València, 2017, págs. 29-32 y 56.

• FERNÁNDEZ FERNÁNDEZ, J.L., El Capitalismo, ¿bastan las leyes del mercado para regular la economía?, Digital Reasons, Madrid, 2016., págs. 109-192[3].
• GIMÉNEZ ZURIAGA, I., El Gobierno coorporativo, el control de las empresas y la defensa de los derechos de los accionistas minoritarios, Análisis Financiero, ISSN 0210-2358, Nº Extra 90, 2003 (Ejemplar dedicado a: Corporate Governance), pág. 93.
• LA PORTA, R., LÓPEZ DE SILANES, F., SCHLEIFER, A., VISHNY, R., Law and Finance, NBER Working Paper 5661, 1998, pág. 1.151-1.152.
• https://www.vatican.va/content/benedict−xvi/es/encyclicals/documents/ hf_ben-xvi_enc_20090629_caritas-in-veri- tate.html, 2009

Familia empresaria, empresa familiar y valores

• BLOMM, A., El cierre de la mente moderna, Plaza & Janés Editores, 1989.
• CORTINA, A., Ética De La Empresa. Claves Para Una Nueva Cultura Empresarial, Editorial Trotta, 2013.
• ROKEACH, M., The nature of human values, Free Press N.Y., 1973.
• SAVATER, F., Ética para la Empresa, Conecta, 2014.
• TOCQUEVILLE, A., La democracia en América, Alianza Editorial 2017.
• WEBER, M., Ensayos sobre metodología sociológica, Amorrortu Editores, Buenos Aires, 1973.

El impacto de la IA en la mentalidad de las personas (I)

• BOLLORE, M.−Y−, & Bonnassies, O., (2023), Dios. La ciencia. Las pruebas. El albor de una revolución Editorial Fonambulista, Madrid.
• Case, A. & Deaton, A. (2020), Muertes por la desesperación y el futuro del capitalismo, Deusto Planeta, Barcelona.
• CHATELET, F. (1978), Historia de las Ideologías, Zero, ZYX, Madrid.
• GAOS, J. (1973), Historia de Nuestra Idea del mundo, F.C.E., México.
• ORTEGA Y GASSET, J. (1968), Ideas y Creencias, Revista de occidente, Madrid.

El impacto de la IA en lo que somos como sociedad (II)

• FERRARIS, M. (2019), Posverdad y otros enigmas, Alianza Editorial, Madrid.
• KEEN, A., (2016), Internet no es la respuesta, Catedra, Barcelona.
• O´CONNELL, M. (2019) Cómo ser una máquina, Capitán Swing, Madrid.
• SANSAL, B., (2016), El fin del mundo, Seix Barral, Barcelona.
• STEPHENS-DAVIDOWITZ, S., (2019), Todo el mundo miente. Lo que Internet y el *big data* pueden decirnos sobre nosotros mismos, Capitan Swing, Madrid.

Sobre la influencia de la IA en la vida del sujeto humano concreto: una pregunta en primera persona

• AA.VV.: Huella digital: ¿Servidumbre o servicio?, Fundación Pablo VI y Tirant Humanidades, Valencia, 2022.
• BARRACA MAIRAL, JAVIER. «Claves de fondo para una ética en la relación con entes de la IA», en Lógos, revista científica del CUGC, nº. 1, 2023 (Ejemplar

dedicado a: Innovación tecnológica e inteligencia artificial aplicada a la seguridad.), págs. 155-168.
- FERNÁNDEZ FERNÁNDEZ, J. L.: «Hacia el Humanismo digital desde un denominador común para la Cíber Ética y la Ética de la Inteligencia Artificial». En Disputatio, Philosophical Research Bulletin, vol. 10, nº 17, junio 2021, pp. 107-130.
- LÉVINAS, E.: Humanismo del otro hombre, traducción G. González, Caparrós, Madrid, 1993.
- LÓPEZ QUINTÁS, A.: El arte de pensar con rigor y vivir de forma creativa, Asociación para el progreso de las ciencias humanas, Madrid, 1993.
- PINTO, J. A.: El Derecho ante los retos de la inteligencia artificial: marco ético y jurídico. Ed. Edisofer, Madrid, 2020.

Transmisión de valores en el seno de la familia empresaria y de la empresa familiar

- CAMPS, V., Virtudes públicas, Espasa Calpe, 1990.
- GALLO, M.A., CAPPUYNS, K., Characteristics of successful family business, IESE Business School, 2004.
- PALAZZANI, L. Il potenziamento umano. Tacnoscienza, etica e diritto, Torino: Giappichelli Editore, 2015.
- SMIRONOVA, L. et al., Organoid intelligence (OI): the new frontier in biocomputing and intelligence-in-a-dish, Frontiers in Science, Volume 1, 2023, https://www.frontiersin.org/journals/science/articles/10.3389/fsci.2023.1017235
- ZAMAGNI, S., El bien común en la sociedad post moderna:propuestas para la acción político - económica, Revista de Cultura Económica, Año XXV, nº 70, Diciembre 2007.
- ZAMAGNI, S., El capitalismo cibernético y el proyecto transhumanista. Cómo remediar la crisis actual del pensamiento, Lección inaugural Curso Académico 2023/24 UCAM - Universidad Católica de Murcia, noviembre 2023.
- https://www.su.org
- https://www.vatican.va/roman_curia/pontifical_councils/justpeace/documents/rc_pc_justpeace_doc_20060526_compendio-dott-soc_sp.html.

La IA, la creatividad y el lugar del hombre

- AYDEDE, MURAT y GÜVEN GÜZELDRE, «Conciousness, Intentionality and Intelligence: Some Foundational Issues for Artificial Intelligence», Journal of Experimental and Theoretical Artificial Intelligence 12(3), 2000, consultado el 20−04−2024 en AYDCIA (philarchive.org).
- CHAMBERLAIN, REBECCA et alii, «Putting the Art in Artificial: Aesthetic Responses to Computer-Generated Art?», en Psychology of Aesthetics, Creativity and the Arts, September 2017, consultado el 20-04-2024 en ComputerGeneratedArt.pdf (gold.ac.uk).
- DEMMER, THERESA Rahel et alii, «Does an emotional connection to art really require a human artist? Emotion and intentionality responses to AI− versus human-created art and impact on aesthetic experience», en Computers in Human Behavior, Volume 148, November 2023, consultado el 20-04-2024 en Does an emotional connection to art really require a human artist? Emotion and intentionality responses to AI- versus human-created art and impact on

aesthetic experience - ScienceDirect.

- GIANNUZZO, ANAÏS, «Creativity, Intentions, and Self–Narratives: Can AI Really Be Creative», en Progress in Artificial Intelligence. 22nd EPIA Conference on Artificial Intelligence, EPIA 2023, Springer, 2023, consultado el 20-04-2023 en Creativity, Intentions, and Self–Narratives: Can AI Really Be Creative? (researchgate.net).
- HASSINE, TSILA y ZIV NEEMAN, «The zombification of Art History: How AI resurrects dead masters, and perpetuates historical biases», en CITAR Journal, 11(2), 2019.
- KRAAIJEVELD, STEVEN R., «AI-generated art and fiction: signifying everything, meaning nothing?», Curmudgeon Corner, AI & Society, 27 noviembre 2023, consultado el 20-04-2024 en AI-generated art and fiction: signifying everything, meaning nothing? | AI & SOCIETY (springer.com).
- LIU, BAI, «Arguments for the Rise of Artificial Intelligence Art: Does AI Art Have Creativity, Motivation, Self–Awareness and Emotion?», Arte, Individuo y Sociedad, Vol.35 Núm 3 (2023), consultado el 20–04–2024 en (PDF) Arguments for the Rise of Artificial Intelligence Art: Does AI Art Have Creativity, Motivation, Self–awareness and Emotion? (researchgate.net).
- MCCORMACK, JON et alii, «Autonomy, Authenticity, Authorship and Intention in computer generated art», en EvoMUSART2019: 8th International Conference on Computational Intelligence in Music, Sound, Art and Design, Springer, 2019, consultado el 20-04-2023 en [PDF] Autonomy, Authenticity, Authorship and Intention in computer generated art | Semantic Scholar.
- SAMO, ANDREW and SCOTT HIGHOUSE, «Artificial Intelligence and Art: Identifying the Aesthetic Judgment Factors That Distinguish Human. and Machine-Generated Work», consultado el 20-04 en 2023-samo.pdf (gwern.net)

KOLIMA
BOOKS